FLORIAN

SA VIE

SES ŒUVRES, SA CORRESPONDANCE

PAR

ALBIN DE MONTVAILLANT

Avec portrait et autographe.

PARIS
E. DENTU ÉDITEUR
Librairie de la Société des gens de lettres,
GALERIE D'ORLÉANS, 15-17-19, PALAIS-ROYAL.
—
1879

FLORIAN

SA VIE

SES ŒUVRES, SA CORRESPONDANCE.

Photographie par Bert, Nimes. Clavel del. Imp. Lemercier

FLORIAN

SA VIE

SES ŒUVRES, SA CORRESPONDANCE

PAR

ALBIN DE MONTVAILLANT

Avec portrait et autographe.

PARIS
E. DENTU, ÉDITEUR
Librairie de la Société des gens de lettres,
GALERIE D'ORLÉANS, 15-17-19, PALAIS-ROYAL.
1879

Le portrait de Florian a été dessiné, sur pierre, par M. Clavel, professeur à l'Ecole de dessin de la ville de Nimes, sur une gravure faite, d'après nature, par Quéverdo, en 1785, terminée par Massol, et déposée à la Bibliothèque de la ville de Nimes.

Le tirage du portrait et de l'autographe a été fait par MM. Lemercier et Ce, imp. lith., Paris, rue de Seine, 57.

FLORIAN

Né à Sauve (Gard) le 6 Mars 1755

Mort à Sceaux (Seine) le 13 Septembre 1794

Paris le 13 Xbre 1783

Voici Monsieur, un petit ouvrage qui réussit fort bien dans le Public de paris, et qui n'aura eu du succès à mon gré, que lorsque vous m'en dirés du bien, je le crois fait pour votre cœur et pour un homme qui, comme vous aime la campagne et sait l'embellir. je suis condamné à ne point avoir de campagnes et pour m'en dédommager je me suis emparé de la nature. avec cela et votre amitié, je ne regretterai rien

Florian

(Pièces justificatives, lettre N° 13)

Imp. Lemercier et Cie Paris

FLORIAN

SA VIE

SES ŒUVRES, SA CORRESPONDANCE.

CHAPITRE Ier.

Le château de Florian. — Premières années de Florian, il est amené à Ferney chez Voltaire.

Le château de Florian est situé dans le Bas-Languedoc, à 15 kilomètres d'Anduze, dans la commune de Logrian, canton de Sauve (Gard).

Brûlé pendant les guerres de religion, il a été reconstruit sous Louis XV. Depuis la vente consentie par Florian, il a changé deux fois de maîtres ; des réparations considérables en ont modifié le caractère et l'ont transformé récemment en une belle demeure.

Les lieux eux-mêmes qui l'environnent ont changé d'aspect ; les bois de grands chênes qui l'entouraient de leurs ombrages ont été successivement et à peu près tous abattus pour faire place aux mûriers moins pittoresques, jadis plus productifs, et comme eux assez vigoureux pour prospérer dans ce sol généralement peu fertile.

C'est à tort que les biographes en font le lieu de naissance du poète. Cette erreur est partagée par Jauffret (1), Ch. Lacretelle (2), Quérard, Bouillet, Sainte-Beuve, etc.; elle est inexplicable : En effet la plupart de ceux qui ont écrit sur Florian se sont aidés, en ce qui touche les premières années de sa vie, des *Mémoires d'un jeune Espagnol* (3), où il relate tout ce qui l'intéresse jusqu'à sa dix-huitième année ; quelque soit le déguisement dont il revêt les personnages et les noms, la moindre attention eût suffi pour en lever le voile ; dans la mention de la terre de *Niaflor* on voit clairement l'anagramme de Florian. *Lope de Vega* et sa campagne *Fernixo* ne couvrent pas mieux Voltaire et Ferney que *Dona Nisa* et l'abbé *Marianno* ne déguisent Mme Denis, la nièce de Voltaire et l'abbé Mignot son frère.

(1) L.-F. Jauffret, littérateur 1770-1840, auteur de fables et d'un *petit théâtre des Familles;* il a écrit des ouvrages enfantins dans le genre de Berquin. On lui doit une édition de Florian, 12 vol in 8°, 1837.

(2) Charles Lacretelle, auteur de l'*Eloge de Florian*, prononcé à l'Institut le 10 septembre 1812.

(3) Ouvrage posthume de Florian. Paris, Aug. Renouard, 1822.

Lorsqu'il en vient à faire connaître son lieu de naissance, il dit : « Je suis né à *Cogollos*, petite ville du royaume de Grenade ». Si cette appellation cache absolument le nom véritable, il est impossible d'y voir une désignation quelconque du château.

Jean-Pierre de Claris de Florian est né à Sauve (Gard), le 6 mars 1755 (1), d'une famille noble et vouée à la carrière des armes (2). Sa mère, d'origine espagnole, s'appelait Gilles Salgues; sa beauté, sa douceur, son esprit, avaient captivé le cœur de celui qui devait être son mari; après des difficultés causées par la différence de religion (elle était pro-

(1) Extrait du registre des actes curiaux de Sauve de l'année 1755.

« Le douzième mars au même an, a été *batisé* Jean-Pierre de Claris de Florian, né le sixième du présent, fils de noble François de Claris de Florian, lieutenant de cavalerie, et de dame Gilles Salgues mariés ; son parrain a été Messire *Jaques* Pierre de Gailhan, conseiller en la souveraine cour des aydes, *comtes* et finances de la ville de Montpellier, faisant pour noble Jean de Claris, seigneur de Florian, aussi conseiller en la même cour ; sa marraine dame Jeanne de Vibrac, épouse de noble Louis Durand de *Vesenobre*, faisant pour dh. Marthe Flaugugier, épouse de M. Jean Salgues, avocat au parlement signés avec nous. »

Vibrac de Sauve, Gailhan, le cler de Florian et Flotard, curé, signés au registre.

(2) Voir aux pièces justificatives l'arrêt du Conseil d'Etat du Roi.

testante), ils se marièrent; Florian fut leur premier enfant.

La pauvre mère ne jouit pas longtemps de son bonheur, elle mourut un an après en donnant le jour à un second fils.

Le père de Florian fut inconsolable de la perte d'une compagne qu'il aimait tendrement, il fit vœu de ne plus se remarier et se voua à l'éducation de ses enfants et à l'amélioration de sa fortune déjà bien compromise; la terre de Florian était tout ce qu'il possédait, encore était-elle chargée de dettes.

Le grand-père de Florian, conseiller à la Cour des Comptes de Montpellier, possesseur d'un patrimoine considérable, avait eu la malheureuse idée de bâtir un château hors de proportion avec le peu d'importance de son domaine; à ses goûts de bâtisse il en joignit deux autres non moins dispendieux : l'amour du beau sexe et la manie des procès. C'était plus que suffisant pour amener la ruine, elle ne se fit pas attendre.

Vieillard aimable et instruit, doué de beaucoup d'esprit et d'une vivacité prodigieuse malgré ses quatre-vingts ans, il entourait d'affection le jeune Florian, en faisait le compagnon ordinaire de ses courses champêtres et lui faisait admirer ses transformations agricoles. « Beaux vallons, s'écriera-t-il un jour au souvenir du pays natal, fortunés rivages, où jeune encore, j'allais cueillir des fleurs ! beaux arbres que mon aïeul planta et dont la tête touchait les nues, lorsque courbé sur son bâton, il me les faisait admirer ! (1) ».

Florian y puisa de bonne heure ce goût ardent des choses de la nature qui devait un jour faire le charme de ses ouvrages et lui inspirer ses plus agréables productions.

Le père de Florian, esprit assez ordinaire, peu attentif aux sensibleries de son enfant, luttait de son mieux avec le sol âpre de sa terre. Malgré la modicité de sa fortune il ne voulut rien négliger néanmoins pour l'éducation de son enfant et le mit d'abord en pension à Saint-Hippolyte ; il y resta jusqu'à l'âge de neuf ans.

Passé ce temps il est ramené au château : « Mon père, dit-il, qui me destinait au service, aimait à me voir manier un fusil, il me donnait de la poudre, du plomb ; je courais les champs tout seul, tuant fort bien les moineaux, et le soir je revenais au château rapporter ma chasse et lire quelque livre : celui qui me plaisait le plus était la traduction de l'*Iliade* d'Homère ; les exploits des héros Grecs me transportaient, et lorsque j'avais tiré un oiseau un peu remarquable par son plumage ou par sa grosseur, je ne manquais pas de former un bûcher avec du bois sec au milieu de la cour, j'y

(1) *Estelle*, p. 22.

déposais avec respect le corps de Patrocle ou de Sarpédon » (1).

L'horizon était donc assez borné pour le jeune Florian; un évènement heureux qui exercera une grande influence sur son avenir vient l'arracher à sa vie champêtre.

Son père avait un frère aîné, le marquis de Florian, qui servait dans les dragons de la Garde du roi. Nous n'essayerons pas d'en tracer le portrait, il nous est plus facile de céder la parole à notre jeune héros : « Le peu de tendresse que mon grand-père avait pour ses enfants, lui fit presque oublier mon oncle dès qu'il ne le vit plus. Il se vit donc abandonné à Paris, n'ayant d'autres ressources que lui même ; il se répandit beaucoup, joua gros jeu et heureusement; se fit aimer de beaucoup de femmes, et se passa aisément des secours que son père lui refusait. Mon oncle était fait pour les femmes. Né avec la plus grande complaisance, la plus grande discrétion, une persévérance infatigable, et l'art heureux de savoir vivre pour les autres; il était très-aimable auprès de celles qu'il attaquait. Il obtint par ses maîtresses une compagnie de cavalerie, et après avoir servi longtemps avec agrément, il vendit sa compagnie pour épouser une femme à laquelle il était attaché depuis

(1) *Mémoires d'un jeune Espagnol*, page 10.

bien des années. Elle était grande, bien faite, bonne, assez-bien de figure. Elle portait dans ses yeux tout l'esprit qu'elle avait, et personne n'en eut un plus juste et plus fin. Elle était tendre, compâtissante, toujours prête à tout sacrifier à la personne qu'elle aimait, mais quelquefois impérieuse et exigeante : voilà les deux seuls défauts que ma reconnaissance pour elle m'a permis de voir » (1). Sa nouvelle tante était de plus la propre nièce de Voltaire (2).

C'est auprès d'eux que Florian va trouver toute la tendresse et le dévouement que peuvent renfermer le cœur humain ; il n'avait jamais connu sa mère, c'est auprès de sa tante qu'il apprit comment on les aimait, et quand la mort viendra les lui ravir, comme dernier témoignage de leur attachement, il se trouve institué l'héritier d'une fortune qui pouvait suffire à lui assurer pour jamais le bien être : « Je n'avais pas besoin, dit-il, de ce bienfait pour les pleurer ! »

Ils s'étaient donc épris de la gentillesse et de l'intelligence précoce de leur neveu, et obtinrent facilement de son père de se charger de son éducation et de l'amener avec eux à Ferney où sa nou-

(1) *Mémoires d'un jeune Espagnol*, page 10.

(2) La tante de Florian était une sœur de Madame Denis et de l'abbé Mignot.

velle tante allait présenter, à l'illustre écrivain, son nouveau mari :

« Ce fut au mois de juillet que j'arrivai chez le premier homme de l'Europe, il me combla de caresses ; je n'avais que dix ans ; je savais bien que Voltaire était supérieur par son génie au reste des hommes ; mais j'étais peu en état de sentir cette supériorité ; le respect que j'avais pour lui était mêlé de beaucoup de crainte ; quinze jours suffirent pour la dissiper, il me fit tant de caresses que bientôt il devint celui de la maison que j'aimais le mieux. Souvent il me faisait placer auprès de lui à table ; et tandis que beaucoup de personnages qui se croyaient importants le regardaient et l'écoutaient, Voltaire se plaisait à causer avec un enfant ».

Voltaire était charmé de ses gentillesses, de sa sensibilité, de ses reparties vives et le baptisa du sobriquet de *Florianet* (1).

Les fêtes se succédaient à Ferney, Mme Clairon vint y jouer sur le théâtre que Voltaire y avait fait dresser ; le jeune Florian avait un rôle dans toutes

(1) Dans une de ses lettres en date du 14 janvier 1767, adressée au marquis de Florian, Voltaire dit : « *Florianet* a écrit une lettre charmante en latin à Père Adam. Je vous prie de le baiser pour moi des deux côtés. J'embrasse de tout mon cœur la mère et le fils ». Et dans une autre lettre au même : « Vous avez un neveu qui est charmant ».

les pièces. C'est de la célèbre actrice qu'il reçut les premières leçons d'art dramatique où nous le verrons exceller plus tard.

Voltaire chargea son aumônier d'apprendre le latin à son protégé : « On m'acheta des livres, on me fit faire des thèmes, et comme j'étais souvent embarrassé pour mettre en latin ce que je n'entendais pas trop bien en français, je m'en allais prier Voltaire de me *faire ma phrase ;* ce grand homme que j'interrompais quelquefois au milieu d'une tragédie, ne se fâchait jamais ; il me faisait ma phrase avec bonté : l'aumônier trouvait mon thème excellent ».

Choyé par tous, Florian oubliait aisément la maison paternelle. Il fallut quitter ce lieu enchanteur devenu le centre du plaisir et suivre son oncle à Paris, où l'appellait son service d'écuyer auprès du duc de Penthièvre; cet homme excellent dont la vie austère ne rappelle que des bienfaits.

CHAPITRE II.

Le duc de Penthièvre. — Florian entre dans la maison du duc en qualité de page. — Il est admis à l'école militaire de Bapaume.

Le duc de Penthièvre était le dernier héritier des fils légitimés de Louis XIV, il était né à Rambouillet le 16 novembre 1725; Destiné au service de mer, les efforts furent vains pour déterminer cet instinct chez lui; sa nature mélancolique et rêveuse le détachait de la vie active, le poussait vers les pratiques religieuses, le calme de la vie privée et les soins de la bienfaisance. Engagé comme volontaire dans l'armée du maréchal de Noailles son grand-oncle, il fit néanmoins bravement son devoir à Dettingue et à Fontenoi, où il chargea des premiers la colonne anglaise. A la paix il quitte l'armée, vient s'établir à Sceaux dans cette superbe résidence où la duchesse du Maine avait tenue une cour brillante (1), pleine encore des souvenirs des fêtes que le poète Malézieu, le principal ordonnateur des réceptions de la duchesse, y organisait; d'où partit la conspiration de Cellamare qui valut à celui-ci l'exil et au faible duc de Maine une place à la citadelle de Doullens, où le tint pendant plusieurs années le duc d'Orléans pour avoir osé lui disputer la régence à la mort de Louis XIV.

Le duc avait réuni l'héritage du comte de Toulouse et du duc du Maine, il vivait paisiblement dans cette splendide résidence, loin des affaires publiques; ses nombreuses charités toutefois lui avaient acquis une grande popularité (2).

(1) Voltaire, Chaulieu, Lamothe, l'abbé Genest, Vertot, Fontenelle, en étaient les principaux personnages.

(2) Le duc de Penthièvre présida par déférence le 7me bureau à l'assemblée des notables le 22 février 1787.

Un jour le prince de Conti, pour échapper à la persécution, viendra lui demander un asile : « Il n'y a que vous, lui dira-t-il, qui puissiez être assuré de l'affection des Français, il n'y a que votre âme qui puisse se promettre quelque calme au milieu de l'agitation universelle ». Et plus tard quand la reconnaissance publique en aura fait un commandant de la garde nationale, après avoir prêté en cette qualité fidélité à la nation, à la loi, au roi, il ne dédaignera pas même d'être nommé maire d'une petite commune de Brie. Le petit-fils de Louis XIV maire de son village, qu'aurait pensé de cela le grand roi !

L'oncle de Florian était donc au service de cet homme excellent et aimé par lui. Après avoir perfectionné l'éducation de son cher neveu, il résolut de le présenter au duc en le priant de l'accepter en qualité de page. Il est admis, captive son maître dont il devient le favori, qui le baptise à son tour du nom de *pulcinella* (*petit polichinelle*) (1), et lui promet de l'attacher un jour à sa maison militaire.

Voilà donc ce petit page de douze ans qui, au début de la vie, trouve pour protecteurs dans la

(1) « *Florianet, petit polichinelle,* toujours des sobriquets et des diminutifs pour exprimer la grâce, la gaité, la gentillesse ».
Sainte-Beuve, *Causeries du lundi.*

carrière des armes et dans celle des lettres, le petit-fils de Louis XIV et Voltaire.

L'éducation des pages n'était pas excellente : « Il faut que je vous peigne, dit-il, cette éducation pagique. Nous avions pour gouverneur un homme fort dur, et qui, à force de vivre avec des chevaux de carrosse, était devenu le plus brutal cheval de l'écurie du duc.

» Nous avions deux domestiques chargés de veiller sur nos actions et de rapporter fidèlement tout ce que nous disions et faisions. De plus, nous avions des maîtres de dessin, d'écriture, de mathématiques, d'exercice, d'arme, de danse, de voltige ; mais la plupart de ces messieurs, trop grands seigneurs pour nous donner des leçons eux-mêmes, avaient des prévôts, lesquels prévôts en souspayaient d'autres pour ne pas venir donner la leçon.

Je passais ma vie sur les chemins ou à l'église, car le duc était très-dévot et voyageait sans cesse ; je n'étudiais guère, j'oubliais même ce que j'avais appris. Mon projet était de servir dans la cavalerie, et je croyais qu'il était inutile de s'appliquer à autre chose qu'au cheval ».

Nous avons dit que notre jeune page, par son esprit et une sensibilité agréable, avait séduit son nouveau maître comme il avait enchanté tout le monde à Ferney.

Le prince qui surveillait sa maison et avait un jugement sain ne tarda pas à le distinguer de ses camarades. Sa franchise, ses plaisanteries toujours décentes, ses propos vifs et joyeux égayaient ce vertueux personnage qui, malgré ses richesses et même sa bienfaisance s'ennuyait constamment (1).

Parfois, oublieux des lois sévères de l'étiquette, le page favori osait se mêler à la conversation, fort de la bienveillance, qui ne se démentait jamais à son égard. « C'est ainsi qu'un jour, à la petite cour d'Anet, où l'on parlait de sermons, Florian prétendit qu'un sermon était chose facile et s'offrit à en composer un. Le prince le prit au mot et paria cinquante louis qu'il n'en viendrait pas à bout. M. le curé de Saint-Eustache, qui était présent, fut choisi juge du pari.

Quel fut l'étonnement du prince et du curé en entendant réciter, trois jours après, un sermon sur la mort, qui aurait pu soutenir la comparaison avec ceux de plusieurs prédicateurs renommés de cette époque ! Le premier convint qu'il avait perdu le pari et paya sur le champ et avec plaisir le prix convenu; le second s'empara du sermon et le fit prêcher dans sa paroisse (2) ».

(1) L.-F. Jauffret, *Notice sur Florian.*

(2) L'affection du duc de Penthièvre pour Florian était toute paternelle. celui-ci l'ayant alarmé par deux ou trois courses nocturnes; le prince venait le soir l'enfermer dans sa chambre.

Ce furent les premières lignes qui sortirent de sa plume; ce mélange de mélancolie et de gaîté qui fera le fond de son caractère se montrait déjà ; il avait quinze ans.

Florian avait terminé son service de page, qui avait duré deux ans ; il voulut entrer dans l'artillerie et fut envoyé à l'école de Bapaume pour y apprendre les mathématiques.

Assidu au travail, il trouvait le temps néanmoins de donner ou de recevoir quelques coups d'épée dans plusieurs duels et de filer une intrigue sentimentale avec la nièce de Gresset. « Florian et les nièces de *Vert-Vert !* Il y a dans tout cela des accords secrets et des sympathies (1) ».

Cette jeunesse turbulente, emportée par la fougue de l'âge, finit un beau jour par indisposer l'autorité militaire, qui mit un terme à ces brillants exploits, licencia l'école et les renvoya tous à la suite des différents régiments du corps d'artillerie ; la plupart n'en furent pas fâchés : ils y trouvaient un nouveau moyen de ne rien faire.

Florian était resté plein des souvenirs qu'il avait rapportés de Ferney, il voulut y retourner, et y retrouva le même accueil empressé de la part de Voltaire.

(1) Sainte-Beuve, *Causeries du lundi.*

On sait que l'auteur du siècle de Louis XIV n'était pas seulement un historien, un poète et un critique de premier ordre ; c'était aussi un habile architecte ; il venait d'élever une église à Ferney et fait graver ces mots sur le fronton : *Deo erexit Voltarius.*

Voltaire pour le moment traçait le plan d'une maison que l'oncle de Florian voulait faire bâtir sur une terre qu'il possédait dans les environs de Ferney ; l'œuvre accomplie, Florian s'y fixa avec son oncle et sa tante, heureux de voisiner avec le grand homme et de se retremper dans la vie des champs.

Mais il était entouré de trop de sollicitude pour qu'on lui permît l'oisiveté, du reste son père qui ne l'avait pas vu de longtemps était venu le retrouver, et après les premières effusions du retour, ce fut dans cette nouvelle maison qu'une délibération de famille décida que le licencié de Bapaume entrerait dans la marine.

Il fit ses préparatifs de départ, prit congé de tous les siens, et dès son arrivée à Paris va frapper naturellement à la porte du duc de Penthièvre qui le reçoit avec bonté. Il lui dépeint sa triste position, ajoutant qu'il aurait l'intention d'entrer dans la marine, mais que du reste, à défaut de la marine, il serait enchanté d'entrer dans son régiment de cavalerie.

Le duc promit de penser à lui; en solliciteur prudent Florian allait journellement lui faire la cour pour qu'il n'oubliât point ce qu'il lui avait demandé.

Un mois après il reçut d'abord un brevet de sous-lieutenant dans la cavalerie et bientôt celui de capitaine avec ordre de rejoindre son régiment à Maubeuge.

CHAPITRE III.

Florian capitaine d'artillerie au régiment de Penthièvre. — Il entre dans la maison du duc de Penthièvre en qualité de gentilhomme.

Florian a vingt ans, un bel uniforme qu'il porte fièrement, l'esprit vif et un fond inépuisable de gaieté et de sensibilité.

Quoique d'une taille au-dessous de la moyenne il était fortement constitué. Ses traits n'étaient pas réguliers, mais la sérénité qui brillait sur son visage, ses grands yeux noirs, pleins de feu qu'il tenait de sa mère, lui donnaient une physionomie agréable. « Chéri de ses compagnons, il était l'âme de leurs jeux sans être censeur importun des penchants qu'il ne partageait pas. Si l'on juge de la manière dont il aima par celle dont il peignit l'amour, il connut plustôt les délicatesses des sentiments que les fougues des passions. Doué de l'esprit et de la grâce qui font les séducteurs, il fut sincère (1) ».

Dès son arrivée au corps il se rend éperdument amoureux d'une chanoinesse qu'il veut épouser; ni son âge ni sa position de fortune ne lui permettaient de donner suite à ce projet ; sa famille, ses amis eux-mêmes firent tout au monde pour l'en détourner, ils eurent recours au procédé qui réussit fréquemment, ils demandèrent et obtinrent son éloignement ; son oncle du reste ne le perdait jamais de vue, et se proposait de l'attacher en qualité de gentilhomme au duc de Penthièvre.

Les premières ouvertures qu'on lui fit ne furent pas très-heureuses, l'éclat de la carrière des armes lui paraissait bien plus séduisant que tous les avantages du poste sédentaire auquel on voulait l'appeler, et il disait assez plaisemment, au sujet de cette place de gentilhomme qu'on sollicitait pour lui et qui lui était offerte : « Il y a trop longtemps que je suis laquais pour devenir valet de chambre. »

C'était là plutôt une boutade qu'un parti pris. Son affection et la reconnaissance qui le liaient au duc de Penthièvre, l'espérance de vivre auprès de son bienfaiteur, de donner beaucoup de temps à ses travaux littéraires, l'insistance de tout les siens

(1) Ch. Lacretelle, *Éloge de Florian.*

qui lui représentèrent l'état précaire de sa fortune, modifièrent ses premières impressions : il finit par accepter, sans vouloir toutefois rompre les liens qui l'attachaient à l'armée, par un reste d'amour-propre de gentilhomme sans doute.

La carrière des armes était une tradition dans sa famille ; son frère avait servi pendant onze ans, et ses propres goûts chevaleresques l'avaient porté vers ce métier.

Le duc se prêta avec une complaisance docile à sa fantaisie ; par son influence, il obtint pour son protégé une réforme, sans que son service cessât de compter. Florian était donc libre de consacrer tout son temps à ses nouvelles fonctions ; il se hâta de venir les occuper (1).

Il s'installa à Paris, à l'hôtel de Toulouse, demeure du duc de Penthièvre, dans un appartement agréable qu'il avait organisé à son goût, avec une vaste bibliothèque, près de laquelle se trouvait une volière remplie d'une multitude d'oiseaux dont les chants égayaient son travail.

C'est là qu'il se consacre aux lettres, renonce à ces allures parfois brusques qui étaient un peu dans son caractère et qui n'avaient fait que se développer à l'école militaire, et s'étudie à mériter de plus en plus les bonnes grâces de son maître.

(1) Voir aux pièces justificatives. Lettres nos 4 et 7.

Voltaire l'encouragea dans ses projets et lui écrivit :

Lettre de Voltaire à Florian.

« Ferney, 9 janvier.

» Vous êtes né, Monsieur, pour plaire aux princes et pour servir l'Etat; vous remplirez votre vocation. Nous autres, habitants des cavernes du mont Jura, nous partageons les obligations que vous avez à ce prince si vertueux et si aimable, auprès de qui vous avez le bonheur de vivre.

» Voilà votre famille un peu dispersée : Monsieur votre père au fond du Languedoc, Monsieur votre oncle à Autun, et vous dans les palais enchantés de Sceaux et d'Anet. Jouissez du bonheur que vous méritez, et agréez les sincères assurances de tous les sentiments que Madame Denis et moi nous conserverons toujours pour vous.

» J'ai l'honneur d'être, etc.

» *Le vieux malade de Ferney*, V. ».

Florian avait échangé la vie active de dragon contre une vie sédentaire et facile, et cependant parfois l'ennui le saisissait ; cela ne contribua pas peu à l'attacher à ses travaux littéraires.

Très gai généralement, il se laissait aller facilement à ses tendances mélancoliques dans ses écrits.

Peu de personnes cependant avaient autant que lui le don de la conversation vive et agréable ; la note changeait dès qu'il prenait la plume ; une douce sensibilité reprenait alors le dessus. Ce n'était plus le même homme ; il ne suivait plus que l'impulsion du sentiment ; aussi un de ses amis lui disait souvent : « Plaisantez tant que vous voudrez en conversation , vous avez le sel de la bonne plaisanterie ; mais ne plaisantez pas en écrivant , car alors vous n'êtes plus plaisant ».

Du reste , il ne recherchait nullement les occasions de briller dans les salons ; assuré d'être accueilli avec joie, il préférait le travail et la retraite. Sa nouvelle position le met en évidence , ses premiers succès répandent son nom sans modifier ses goûts : « Si je voulais , dit-il , répondre à toutes les sollicitations qu'on me fait , je n'aurais pas une heure pour travailler ».

Nous avons dit que le duc de Penthièvre aimait à s'occuper beaucoup de bonnes œuvres ; il confia à son nouveau gentilhomme le soin de distribuer les nombreux bienfaits qu'il versait chaque jour sur des milliers de malheureux : « Ministère respectable sans doute, bien précieux pour le cœur de Florian , et que son âme douce et compatissante sut toujours convenablement remplir ; car , au lieu de les faire considérer à ceux qui les recevaient comme des secours humiliants , il avait l'art de les montrer à leurs yeux comme de véritables marques d'honneur et de légitimes récompenses » (1).

Dégagé de tout souci matériel, la vie littéraire s'ouvrait largement devant le jeune Florian.

CHAPITRE IV.

Commencement du règne de Louis XVI. — Mort de Voltaire. — Florian couronné par l'Académie française.

Nous sommes en 1780. Louis XVI venait de monter sur le trône.

« Le règne de l'infortuné, de celui qui devait être le dernier roi de l'ancienne France, s'était ouvert aux acclamations unanimes de la capitale et du royaume. La France n'éprouvait que la joie d'être délivrée de l'immonde vieillard qui avait fait si longtemps la honte de la nation. On connaissait peu le nouveau roi, qui avait vécu jusqu'alors à l'écart, comme, avant lui, son père, mais en disant qu'il ne ressemblait en rien à son aïeul, cela suffisait au peuple » (2).

En effet, il avait été élevé loin de la Cour et de

(1) Boissy-d'Anglas. *Etudes poétiques et littéraires d'un vieillard.*

(2) Henri Martin, t. XVI, p. 310.

son atmosphère empoisonnée. Des hommes éclairés et honnêtes avaient été chargés de son éducation et avaient tout fait pour lui inspirer l'amour du peuple sur lequel il devait régner un jour. Son âme douce, son cœur confiant s'étaient ouverts avec complaisance à ces saines influences.

« Ce qui était le plus prêt du vice couronné sur le trône était peut-être ce qu'il y avait de plus pur en France. Si le siècle n'eût pas été aussi dissolu que le roi, il aurait tourné là son amour. Il en était venu jusqu'à ce point de corruption, où la pureté paraît un ridicule, et où on réserve le mépris pour la pudeur » (1).

Louis XVI signalait les débuts de son règne par des édits qui soulevaient l'assentiment général. Il avait renoncé au don onéreux de joyeux avénement, rétabli les parlements, aboli la torture, créé le mont de piété, la caisse d'escompte et affranchi tous les serfs de ses domaines, et avait appelé au ministère, pour exécuter ces réformes, les hommes que l'opinion publique lui désignait : Maurepas, Turgot, Malesherbes, Necker.

« Mais avec le sentiment philosophique de la nécessité des réformes, le prince n'avait que l'âme du réformateur : il n'en avait ni le génie ni l'audace. Ses hommes d'Etat pas plus que lui. Ils sou-

(1) Lamartine. *Histoire des Girondins*, t. I, p. 18.

levaient toutes les questions sans les déplacer ; ils accumulaient les tempêtes sans leur donner une impulsion. Les tempêtes devaient finir par se tourner contre eux. Il flottait d'un intrigant à un honnête homme , et d'un banquier à un philosophe ; l'esprit de système et de charlatanisme suppléait mal à l'esprit de gouvernement. Dieu, qui avait donné beaucoup d'hommes de bruit à ce règne, lui avait refusé un homme d'Etat : tout était promesse et déception. La cour criait , l'impatience saisissait la nation , les oscillations devenaient convulsives : assemblée de notables , états-généraux , assemblée nationale, tout avait éclaté entre les mains du roi; une révolution était sortie de ses bonnes intentions, plus ardente, plus irritée que si elle était sortie de ses vices » (1).

C'est à ce moment que le jeune marquis de la Fayette , à peine âgé de vingt ans , quoique marié depuis peu avec Mademoiselle de Noailles, n'écoutant que son ardeur et son courage , s'embarquait sur une frégate armée à ses frais pour aller mettre son épée au service de l'Amérique, insurgée contre la domination anglaise. L'opinion publique s'était passionnée pour cette grande cause ; le roi lui-même avait partagé l'enthousiasme général ; il ne cessa d'envoyer des secours aux combattants jus-

(1) Lamartine. *Histoire des Girondins*, t. I, p. 19.

qu'au moment où fut conclu, à Versailles, le traité qui assurait aux Américains leur indépendance : c'est la lune de miel de la monarchie de Louis XVI, de celui que l'assemblée nationale va proclamer solennellement le restaurateur de la liberté française.

Bientôt les difficultés de toutes sortes surgiront ; malgré la dignité de la vie et la simplicité des mœurs du roi, il sera facile d'obserevr les symptômes menaçants de l'impopularité et de la désaffection. On récrie contre les impôts, le luxe et les scandales de l'ancienne cour ; les concessions faites spontanément ou arrachées sont impuissantes à faire taire ces ressentiments.

C'est qu'en effet, il n'est pas besoin de chercher profondément les causes de la révolution ; elles sont sans doute dans les aspirations vers une organisation sociale moins inique mais aussi dans les crimes qui ont ensanglanté la fin du règne de Louis XIV, dans la durée de celle de Louis XV, dans la honte infligée au pays par la toute puissance de Mme de Pompadour et de Mme Dubarry.

Louis XVI porta la peine des fautes qu'il n'avait point commises. Les temps étaient troublés, les périls de toutes sortes venaient assaillir la royauté compromise et ce rci infortuné restait au-dessous de sa tâche.

Il eut fallu à la France « une volonté courageuse, un pouvoir résolu à se faire respecter, tout en réparant les fautes des derniers règnes et résolu à accepter comme une expiation nécessaire des abus de l'ancien régime et des excès de l'autorité d'un seul, le contrôle permanent des délégués de la nation dans les affaires publiques » (1). Il eut fallu surtout, et cela fit défaut à la fortune de la France, des représentants de la nation moins dépourvus de sens politique et plus maîtres d'eux-mêmes.

Nouvelle à la vie publique, imbue d'idées fausses et passionnées pour l'absolu, la Constituante légiférait pour le genre humain, empruntant indistinctement sa métaphysique à Lycurgue, à Solon, à Rousseau. Elle fait une constitution pleine de lacunes ou de contradictions qui perd de vue les grands intérêts qu'elle doit régler, tant elle s'éloigne des faits ou des éléments qui constituent la nation.

En vain les esprits éminents de cette assemblée la supplient avec éloquence de s'arrêter sur cette pente fatale ; Malouet et Mounier luttent avec courage. Mirabeau lui-même malgré son empire sur son parti et sur l'assemblée lui crie en vain : « Nous ne sommes pas des sauvages arrivant nus des bords de l'*Orénoque* ». L'immense majorité de ses membres en proie au délire des innovations suit aveuglément la route de l'abime.

(1) Emmanuel de Broglie. *Le petit-fils de Louis XV.*

La Révolution préparée par les principes agités depuis longtemps et professés avec tant d'éclat et de tant de manières pendant le XVIIIe siècle, était consommée dans les esprits avant de passer dans le domaine des faits ; ce fut là l'origine des dernières conséquences philosophiques ou se portèrent les imaginations dès le début.

Il en découla une suite de lois dangereuses d'ou sortirent les désordres sanglants qui souillèrent la grande cause de la Révolution. L'anarchie en effet ne part pas seulement d'en bas ; les députés de la nation en sont eux-mêmes les auteurs, ils agravent le mal par leur inexpérience ou leurs passions, et c'est d'en haut que vient le vent qui attise l'incendie et en augmente la fureur.

C'est ainsi qu'en exigeant des prêtres le serment constitutionnel la constituante prépare le schisme d'où sortira la guerre civile de la Vendée ; en décretant *l'unité* de l'assemblée, elle anéantit toute pondération entre les pouvoirs. Elle pousse enfin vers l'écueil le vaisseau de la patrie, en excluant de la législature suivante les hommes habiles qui auraient pu guider la marche de la Révolution, comme dès sa naissance ils avaient guidé ses premiers pas.

Mais si de graves erreurs politiques entachèrent les travaux de cette brillante assemblée, il est juste de proclamer qu'elle a fait de grandes choses et semé des germes féconds pour l'avenir. Les lois instituant l'Etat civil, le Code pénal, le Code rural, les premiers débats sur un code civil uniforme, les règles premières énoncées et fixées avec justesse en matière d'impôt, de procédure et d'administration, resteront ses titres principaux à la reconnaissance nationale.

Après la dignité de sa vie, Louis XVI nous montrera qu'il n'est donné à personne de mourir avec plus de noblesse !

Par un édit mémorable le roi venait donc d'affranchir tous les serfs de ses domaines en 1779. Cet acte de justice et de bienfaisance mettait un terme au joug pesant, digne des siècles de barbarie, qui accablait les malheureux soumis à l'horrible loi de main-morte.

« Le serf mainmortable ne cultive jamais pour lui; jamais la terre qu'il laboure ne peut être son patrimoine; tout ce qu'il acquiert, tous les immeubles qu'il possède dans la contrée ne lui appartiennent pas davantage; il n'en a que l'usufruit. A sa mort le seigneur s'en empare, et les enfants sont frustrés.

Tout français, tout étranger qui a le malheur d'habiter un an et un jour dans une terre mainmortable devient serf et communique cette tâche à sa postérité » (1).

(1) *Traité de mainmorte,* page 48.

L'Académie Française se faisant l'organe des sentiments d'approbation soulevés par l'abolition de cette coutume barbare, se hâta de donner pour sujet de prix de poésie l'abolition de la servitude dans les domaines du roi.

Florian n'avait jamais fait de vers; frappé par la beauté du sujet, pénétré de respect et d'admiration pour l'auteur de cet édit mémorable, il résolut de les célébrer et d'envoyer une pièce au concours. La mort de Voltaire survenue à ce moment le confirma dans son projet en lui inspirant l'idée d'agrandir le cadre de sa composition et de mettre en scène celui qui remplissait l'Europe de son nom et dont la mort venait de soulever des sentiments si divers.

Voltaire venait en effet de rendre le dernier soupir à Paris, dans l'hôtel du marquis de la Villette, bâti sur le quai qui porte aujourd'hui son nom.

Celui qui, à vingt et un ans, avait osé s'attaquer à Louis XIV, dans une satire qu'on lui attribua, dans laquelle l'auteur s'écriait :

J'ai vu ces maux, et je n'ai pas vingt ans !

l'héritier de la belle Ninon; le prisonnier (et par deux fois) de la Bastille ; l'homme prodigieux qui brilla sur les bords de la Tamise, dans les salons de Bolingbroke, comme à Postdam chez Frédéric ou dans les cours allemandes; l'écrivain, en un mot, le plus universel des temps modernes, Voltaire, à quatre-vingt-quatre ans, cédant aux sollicitations de sa nièce, Mme Denis, qui eut toute sa vie une grande influence sur lui, fit un voyage à Paris, dont le séjour lui avait été plusieurs fois interdit, où il fut reçu avec le plus grand enthousiasme et accablé d'honneurs et de gloire.

« La ville et la cour (le temps est passé où l'on disait : la cour et la ville !), toute une génération, tout un peuple de grands seigneurs, de magistrats, de gens de lettres, d'artistes, de savants, se presse dans les salons de l'hôtel où Voltaire a accepté une somptueuse hospitalité ; chacun mendie une parole, un sourire du grand homme, qui trône là au milieu des encyclopédistes comme un monarque entouré de ses pairs. « Le regard de Louis XIV n'avait pas » produit plus d'effet sur une cour dont il était » adoré que n'en produisait le regard étincelant de » Voltaire (1) ». Au-dessous, une foule enthousiaste se dédommage de ne pouvoir être admise dans le sanctuaire, en attendant la sortie de l'illustre vieillard ou son apparition aux fenêtres, en lui faisant partout un cortége triomphal. Ses moindres mots courent Paris et la France. On compte ses pas ; on commente ses démarches ; on rapporte avec attendrissement qu'il s'est précipité sur les mains

(1) Lacretelle. *Histoire de France pendant le dix-huitième siècle*, t. V, p. 159.

de Turgot en fondant en larmes et en s'écriant : « Laissez-moi baiser cette main qui a signé le salut » du peuple » !

Les émotions du triomphe hâtèrent sa fin.

Surexcité, consumé par cette exaltation continuelle, il demanda le sommeil à un moyen factice, au laudanum; il se trompa sur la dose. Cet accident fut sans remède. Il tomba dans un engourdissement léthargique dont il ne sortait plus que par intervalle. Il refusa, dans ces intervalles, de renouveler sa confession de foi catholique. Un dernier mouvement de joie ranima un instant son cœur quand il apprit le succès de ses efforts pour la réhabilitation de la mémoire du malheureux Lally. Il expira le 30 mai 1778, à onze heures du soir ; il avait vécu quatre-vingt-quatre ans et fait retentir le monde de son nom pendant soixante (1) ».

Sa dépouille mortelle, à qui l'on avait refusé la sépulture à Paris, allait subir cette odyssée funèbre qui, commencée à l'abbaye de Scellières, dont l'abbé Mignot, son neveu, était commanditaire, devait se terminer par un transport solennel au Panthéon, en 1791, après un vote de l'assemblée nationale.

« J'étais plein de M. de Voltaire, dit Florian, dans l'avant-propos de sa pièce de vers ; il avait

(1) Henri Martin. *Histoire de France.*

comblé de bonté mon enfance. Avant de savoir qu'il était le plus grand des écrivains, j'avais su qu'il était le plus aimable des hommes, et mon attachement pour lui était plus ancien que mon admiration. Dans mes fréquents voyages à Ferney, je l'avais vu bâtir une ville où il rendait heureux, par ses bienfaits, trois mille citoyens qu'il y avait attirés. Je l'avais entendu parler avec horreur de la mainmorte et gémir sur le sort de douze mille habitants du mont Jura soumis à cette loi atroce. Le nom de M. de Voltaire s'unissait lui-même, dans mon esprit, avec le mot d'humanité, et je croyais impossible de parler de l'un sans parler de l'autre.

Je fis l'ouvrage qu'on va lire. Il est très-imparfait : il devait l'être, je n'avais aucun usage de la poésie ; mais mon cœur me tint lieu de talent, et ma pièce fut couronnée » (1).

Il avait donné à sa pièce de vers la forme dialoguée, sous ce titre : *Voltaire et le serf du mont Jura.*

Après avoir décrit les lieux qu'habitait l'auteur de *Charles XII*, il disait :

> Près de cette terre chérie
> Voltaire avait cherché le prix de ses travaux ;
> Rassasié de gloire, il voulait du repos.
> Lassé d'avoir encore à combattre l'envie,
> Après soixante ans de combat,

(1) Préface de : *Voltaire et le serf du mont Jura.*

Il venait consacrer les restes de sa vie
Au plaisir triste et doux de faire des ingrats.

Vient ensuite le dialogue entre lui et le malheureux serf dans lequel « il a l'art de faire parler ce grand écrivain, à la fois poète et philosophe, d'une manière digne de lui, et le mérite de louer dignement aussi le monarque à qui la France avait dû cet acte éclatant de justice, ainsi que l'homme illustre qui l'avait provoqué le premier » (1).

CHAPITRE V.

Florian étudie la littérature espagnole. — Galatée. — Ses relations avec Gessner.

Cette récompense académique fut pour Florian une grande joie et un grand encouragement; il n'y faillit pas. A dater de de ce jour ses travaux littéraires l'absorbent presque totalement; il étudie la littérature espagnole, ses romances et ses pastorales, Cervantes et le poète Yriarte. Il s'y consacre avec toute l'ardeur de son esprit comme aussi la chaleur de son cœur.

Nous avons dit que Florian n'avait jamais connu

(1) Boissy-d'Anglas, *Etudes poétiques et littéraires d'un vieillard*.

sa mère, originaire de la Castille; ce fut l'origine de cette douce mélancolie qui se faisait jour souvent chez lui, et qui rayonne sur ses écrits. Il ne pouvait en effet se consoler d'avoir été privé et de ses caresses et de ses conseils, et quand le succès viendra le trouver, il regrettera plus que jamais celle dont la joie lui en eût doublé le prix. C'est ainsi qu'en voyant, un jour, un enfant à qui sa mère appliquait une correction, il ne put s'empêcher de lui adresser ce mot touchant : « Tu es bienheureux toi de pouvoir être battu par ta mère ! »

« Cette tendresse de Florian pour une mère qu'il n'avait pas eu le bonheur de connaître, influa tellement sur sa destinée, qu'on peut dire que toute sa gloire est due aux effets de cette tendresse.

Il avait conçu pour les auteurs Espagnols une grande estime, et cela parce que sa mère tirait son origine d'Espagne. Il lui était doux de parler une langue qu'elle avait parlée. Ainsi, la prédilection qu'il eut toujours pour la littérature Espagnole, cette prédilection qui fait l'éloge de son cœur, lui ouvrit, sans qu'il s'en doutât, une carrière nouvelle et devint la base de sa réputation » (1).

Son premier ouvrage dans ce genre fut *Galatée*. Ce sujet avait été traité par Cervantes. Malgré ses imperfections, cette œuvre lui parut intéressante

(1) Jauffret. *Vie de Florian*.

et capable de plaire à notre nation. Il aimait les œuvres de l'auteur sublime de *Don Quichotte*, du soldat de Lépante, qui, de retour dans son pays, après une vie pleine de périls et une dure captivité chez les pirates barbaresques, avait donné à l'Espagne ses œuvres immortelles et s'était éteint, en 1616, à Madrid, le même jour que Shakespeare mourait en Angleterre, à Stratford, dans le comté de Warwick.

« Il lui sembla que la peinture des douces chimères de l'amour pastoral pourrait offrir quelque attrait au lecteur : son attachement pour la nature lui faisait trouver d'ailleurs des charmes dans ce genre depuis longtemps abandonné.

La *Galatée* de Cervantes devint, sous sa plume, un ouvrage nouveau. Le quatrième livre tout entier lui appartient en propre, et termine heureusement cette pastorale que l'écrivain Espagnol avait laissée inachevée.

Enfin, les stances naïves et délicates répandues dans tout l'ouvrage et amenées avec une rare habileté, concoururent au succès de ce premier essai, qui fut publié en 1783, et dont on admira la grâce des pensées, la délicatesse des sentiments, le choix et la variété des tableaux et la fraîcheur du coloris » (1).

(1) Michel Nicolas, *Florian*

Mais le caractère dominant de cette œuvre, c'est qu'elle renferme un vif sentiment de la nature et des situations touchantes et pleines de mélancolie dignes du pinceau de Gessner (1).

Gessner et Florian, ces deux hommes contemporains l'un de l'autre et si bien faits pour s'entendre, devaient se chercher et se comprendre. L'auteur de la *Mort d'Abel* avait inspiré à notre poète une respectueuse amitié : « J'éprouve une très-douce joie, lui écrivit-il, à vous parler de ma vénération pour vous, de mon amour pour vos charmants ouvrages, de l'étude presque continuelle que j'en fais pour former mon cœur et mon style. J'aimerais tant à passer pour votre écolier ! mais je suis loin de cette bonne place, et ma pauvre Galatée, toute riche qu'elle est sur les bords du Tage, n'est pas digne de posséder un petit troupeau dans les montagnes de Suisse. Elle ne serait plus jolie auprès de vos bergères ; et lorsqu'elle voudrait chanter le printemps d'Espagne, Daphnis se ferait mieux écouter en chantant *une belle matinée de janvier* » (2).

(1) En parlant du succès de la *Galatée* de Florian, Laharpe a dit de l'auteur : « C'est un jeune homme d'un esprit heureux et naturel, et qui aura toujours des succès s'il ne sort pas du genre où son talent l'appelle ».

(2) Lettre de Florian à Gessner. Paris, 30 juin 1785.

L'auteur de *Daphnis et des Contes moraux* était sensible à ces démonstrations affectueuses, et il s'exprimait en ces termes, à son tour : « Tous ceux qui viennent de Paris, et que j'ai le plaisir de voir, peuvent m'en être témoins ; mon premier soin est de leur parler de vous avec la chaleur que m'inspire l'amitié que je vous ai jurée. Je lis, je relis vos ouvrages ; j'en admire le ton de naïveté, la pureté des sentiments, l'intérêt que vous donnez à toutes les situations par une vérité et une simplicité si admirables. Je suis touché de la manière flatteuse avec laquelle vous parlez au public des sentiments d'amitié dont vous daignez m'honorer, et je suis orgueilleux d'avoir pu vous donner, par une de mes idylles, la première idée d'un petit drame qui, à tous égards, est un chef-d'œuvre : l'une n'est qu'une simple fleur de prairie, l'autre un bouquet que les Grâces mêmes ont arrangé » (1).

Séparés par la distance, ces deux amis ne cessèrent d'échanger leurs impressions littéraires.

Gessner habitait Zurich, et venait de se vouer définitivement aux lettres. Il avait débuté par exercer la profession de libraire et d'imprimeur, qu'il tenait de son père : la lecture de Klopstock et des auteurs célèbres de l'époque lui inspirèrent le goût des lettres. Le poème pastoral de *Daphnis*,

(1) Lettre de Gessner à Florian. Zurich, 30 novembre 1787.

les *Idylles* et la *Mort d'Abel* le firent célèbre en ce genre. Admirablement doué sous le rapport artistique, il était, de plus, bon peintre et graveur de grand mérite. Son œuvre, sous ce rapport, comprend des figures faites pour ses *Contes moraux* et ses *Idylles*, et forme plus de 300 planches publiées à Zurich.

Cet homme, si supérieurement doué quant aux dons de l'esprit, était un modèle admirable dans la vie privée et donnait l'exemple de toutes les vertus domestiques : tel est l'hommage que lui rendent ses contemporains.

L'influence de ses œuvres se fit heureusement sentir sur celles de Florian. Heureux déjà du succès de sa Galatée, il y puisa un encouragement constant pour se livrer à la composition du roman pastoral tombé depuis longtemps en discrédit.

Voici comment il juge l'œuvre de Gessner, dans son *Essai sur la pastorale :*

« Gessner l'emporte, à mon avis, sur les anciens mêmes. Il n'a pas peut-être cette poésie enchanteresse qui ennoblit dans Virgile les détails les plus communs ; il ne charme pas toujours l'oreille comme le poête Romain, mais il parle aussi bien au cœur, et lui inspire des sentiments plus purs. On forme son goût en lisant Virgile ; on nourrit son âme en lisant Gessner : l'un fait aimer et plaindre Mélibée ; l'autre fait respecter et chérir la vertu ».

Florian ne pouvait se dissimuler l'éloignement qu'inspirait à beaucoup de gens le genre froid et ennuyeux des Bergeries ; il avait voulu plaider une cause qui lui avait valu le succès ; et plus tard, quand il publiera *Estelle*, son œuvre capitale en ce genre, il la fera précéder de son *Essai sur la pastorale*, où il essayera de prouver que l'énorme distance où l'on est de la vie champêtre n'est pas l'unique raison du dégoût que ce genre inspire, mais que cela tient aussi au manque d'intérêt qui se fait sentir dans un cadre aussi restreint que celui d'une églogue ou d'une idylle.

Le moyen qui lui paraît le meilleur pour rendre une pastorale intéressante, c'est de la fondre dans un poème à la manière de *Guarini*, auteur du pastor *Fido*, ou de *Sannazar*, auteur de l'*Arcadie*, ou du marquis de *Durfé*, auteur de l'*Astrée :* « J'ose essayer ce que d'autres feront mieux sans doute. Il est peut-être maladroit d'avoir commencé par exposer les règles et les principes qui doivent perfectionner ce genre d'ouvrage. Je crains d'y avoir manqué le premier. Mais si une seule de mes réflexions est utile, mon temps n'a pas été perdu » (1).

(1) *Essai sur la Pastorale*, p. 17.

CHAPITRE VI.

Théâtre de Florian. — Il joue ses pièces avec succès.

Le duc de Penthièvre suivait avec intérêt les travaux littéraires de son protégé, et Florian sentait grandir en lui les sentiments d'affection et de reconnaissance qui le liaient à ce prince vertueux, si bon pour lui. Il voulut lui en donner témoignage, mais la modestie excessive de son bienfaiteur l'obligea à se servir d'un moyen détourné : il résolut donc d'écrire pour le théâtre, espérant mettre dans la bouche de ses personnages tout ce que son cœur renfermait de gratitude.

La première pièce qu'il écrivit pour le théâtre fut : *Les Deux Billets*, comédie en un acte.

C'est en jouant Arlequin, dans une pièce de Marivaux, que Florian rêva d'embellir ce personnage et de le rendre meilleur.

Arlequin est, en effet, son principal personnage; et comme Florian voulait plaire, il prête au héros de la farce Italienne des sentiments tout nouveaux chez lui. Il lui donne l'esprit et la sensibilité, s'attachant à réunir deux genres très-difficiles : « Presque toujours, dit-il, le comique nuit à l'intérêt, et l'intérêt exclut le comique. J'ai cru pourtant qu'il n'était pas impossible de les allier. J'ai pensé que le sentiment et la plaisanterie pouvaient tellement être unis, qu'ils fussent quelquefois confondus, que le spectateur s'égayât et s'attendrît en même temps, qu'il fût également ému par l'intérêt de l'action et réjoui par le comique de l'auteur ; en un mot, que le même personnage fît pleurer et rire à la fois. Pour cela, j'avais besoin d'Arlequin » (1).

Il le peignit bon, doux, ingénu, simple sans être bête, parlant purement, et exprimant avec naïveté les sentiments d'un cœur très-tendre, sûr que le masque et l'habit le rendraient comique.

Sous la plume de Florian, en effet, le simple et crédule héros birgamesque a perdu sa balourdise et ses facéties vulgaires pour la bonhomie, le bon sens, la bonne humeur, les vertus naïves, une sensibilité exquise (2).

Le succès couronna cette tentative et l'encouragea ; aussi Arlequin fut-il pendant longtemps son héros favori : le *Bon Ménage*, le *Bon Père*, la *Bonne Mère*, le *Bon Fils*, les *Deux Jumeaux* (3), succédèrent aux *Deux Billets* ; ils représentent Arlequin garçon, marié, père et bon fils, et for-

(1) Avant-propos des *Deux Billets*.

(2) Grimm dit de l'Arlequin de Florian : « On est tenté de lui dire quelquefois : *Vous êtes Arlequin et vous pleurez !* Mais il pleure de si bonne grâce, qu'il y aurait de l'humeur de le trouver mauvais ».

(3) Voir, aux pièces justificatives, Lettre n° 10.

ment le roman de ce personnage dans les différents états de la vie.

Le duc de Penthièvre, plein d'une extrême piété, n'assistait pas à ces représentations; il n'en parla jamais au poète et parut ignorer ses succès. « Il souffrait même que Florian écrivît pour le théâtre ; seulement, il se bornait à ne pas connaître ses pièces ; et ce scrupule, que personne n'osait combattre, donnait à l'auteur un grand avantage : il lui permettait de louer publiquement et justement son bienfaiteur sans qu'il le sût, et même de le mettre en scène en peignant, sous le masque d'Arlequin, un père bon et sensible, un maître juste et généreux, que tout le monde reconnaissait, malgré les efforts que paraissait faire l'auteur pour déguiser les traits du modèle » (1).

Comme le théâtre plaisait à Florian, il le cultiva. Il publia successivement ou fit représenter, sur le Théâtre-Italien : *Jeannot et Colin*, en 1780; *Les Deux Jumeaux de Bergame* (1782) ; *Myrtil et Chloë*, pastorale dédiée à Gessner, « son maître et son ami » : « Je désirais, depuis longtemps, lui écrit il, vous dédier un ouvrage. Pour être sûr qu'il eût un mérite, j'en ai pris un sujet dans les vôtres : j'ai fait un petit drame de vos idylles. Je

(1) Boissy-d'Anglas. *Etudes poétiques et littéraires d'un vieillard.*

n'ai pu y mettre votre grâce ni votre douceur; mais que m'importent des défauts que votre indulgence ne verra point? Le public, qui n'est pas bon comme vous, les verra ! Pour le dédommager, je lui fais relire votre idylle, en la plaçant à la tête de mon petit drame. Elle y gagnera, tant mieux. N'ai-je pas assez gagné, moi, en vous donnant un témoignage de mon respect et osant vous appeler mon ami? D'ailleurs, puis-je égaler mon maître »?

Il lui avait déjà envoyé ses pièces de théâtre précédentes, avec ces mots : « Puissent-elles vous amuser un instant! Arlequin a un ton de naïveté qui doit vous plaire, et je lui ai bien recommandé de prendre une voix douce et tendre, et de vous adresser à vous, de ma part, tout ce qu'il dit de tendre à sa maîtresse » (1).

Il publia successivement: *Héro et Léandre*, monologue lyrique; *Blanche et Vermeille*, pastorale, 1781; *Arlequin, maître de maison; l'Enfant d'Arlequin perdu et retrouvé; le Duc d'Ormond*, comédie; enfin, *Le Baiser*, féerie représentée, sur le Théâtre-Italien, le 26 novembre 1781 (2).

Il avait remanié cette dernière pièce dans le but de donner un rôle principal à Madame Dugazon,

(1) Lettres à Gessner, 1785.

(2) Voir aux pièces justificatives, lettre n° 8.

la charmante comédienne : « Je refais, lui écrit-il, *le Baiser*, en un acte. Si la mère était jouée par celle dont le talent si varié, si flexible, rend avec un égal succès, les paysannes, les princesses, les amantes, les épouses, les coquettes, les Agnès et sait toujours paraître différente, quoiqu'elle nous offre toujours la même chose : la perfection ; le succès ne serait pas douteux :

Car de l'amour la douce ivresse
Fait tout le sujet de ma pièce.
Il s'agit de passer un jour,
Sans s'embrasser, chose pénible,
Quand on est jeune, vif, sensible
Et surtout payé de retour.
Or comment espérer de plaire
Si, lorsque on parle de l'amour,
Le public ne voit point sa mère.

La pratique des pièces de théâtre avait conduit Florian à étudier les auteurs comiques (1) ; il résuma ses impressions sur eux dans un écrit publié sous ce titre : *Mes idées sur nos auteurs comiques.* En rendant, avant tout hommage au génie de Molière, il apprécie et signale ce qui lui parait digne

(1) « Ce *Théâtre* de Florian est bien à lui, et il offre des nuances de gaîté, de fraîcheur et de sentiment, qui assurent à l'auteur une place à part à la suite des Marivaux, des Sedaine ». (Sainte-Beuve, *Causeries du lundi*),

d'être imité dans les œuvres de Regnard, Dufresny, Dancourt, Piron, Boissi.

A son mérite de compositeur, Florian ajoutait celui d'interprête vraiment remarquable au dire des contemporains. Il aimait à jouer lui-même ses créations : c'était un de ses passe-temps favoris. Il donnait à son type favori d'Arlequin, la finesse, la grâce qu'il avait rêvées pour lui ; mais il lui fallait le masque traditionnel : sans lui il devenait acteur médiocre. Il se rappelait les leçons qu'il avait reçues de la Clairon à Ferney, et à sa nature vive et pleine de sensibilité venait s'ajouter le triple mobile de l'auteur désireux de voir réussir son œuvre, de l'artiste fier de l'interprêter avec succès, mais par dessus tout celui de l'homme reconnaissant puisqu'il voulait plaire à son bienfaiteur, en prêtant à son héros tous les nobles sentiments qu'il trouvait chez le duc de Penthièvre.

C'était sur le théâtre de société que son ami M. d'Argental avait fait construire dans son hôtel que Florian jouait ses pièces avec succès.

CHAPITRE VII.

Le comte d'Argental et sa tante Mme de Tencin.

M. d'Argental, conseiller au parlement de Paris, était ami et grand admirateur de Voltaire avec lequel il ne cessa d'entretenir une correspondance suivie que l'on retrouve dans ses œuvres. C'est à lui que Florian envoyait de Ferney une plume de Voltaire avec ces mots :

> Elle acquit à son maître une immortelle vie,
> Elle fut la terreur du sot et du méchant,
> Elle éclaira son siècle, elle punit l'envie,
> Peignit l'amour et t'écrivit souvent.

L'auteur de la *Henriade* lui-même ne cessa d'être attaché à d'Argental ; il lui confiait ses écrits et ses pensées les plus intimes comme à son meilleur ami.

C'est qu'en effet, dit Laharpe : « Chez le comte d'Argental, l'admiration pour Voltaire était un sentiment vrai et sans ostentation, il jouissait véritablement de ses confidences et de ses succès, il en était heureux et de si bonne foi, que tous ceux qui le voyaient lui savaient gré de ce bonheur ; il n'est pas nécessaire d'ajouter que l'ami de Voltaire avait un goût naturellement juste et un esprit orné, nourri de la politesse de ce beau siècle de Louis XIV dont il avait vu la fin ».

Ecrivain lui-même, il cultivait la poésie et collabora, dit-on, s'il n'en fut en entier l'auteur, au roman : *Le comte de Comminges* que publia sa tante la célèbre Madame de Tencin.

On connait la vie aventureuse de cette femme

aussi remarquable par sa beauté que par son esprit. Elle avait débuté dans la vie par être religieuse à Grenoble; mais le cloître ne pouvait convenir longtemps à cette âme ambitieuse. Devenue chanoinesse de Neufville, près de Lyon, elle quitte la vie religieuse et vient à Paris briller dans les salons du Régent et du cardinal Dubois et s'enrichir dans les agiotages de la rue Quincampoix. Aimant la littérature, elle la cultive non sans succès, mais elle l'eût négligée si ses projets ambitieux avaient pu réussir; c'est qu'en effet, douée de l'esprit des affaires, elle préférait la politique aux letttres et visait plutôt à faire entrer ses amis au ministère qu'à l'Académie.

Pleine d'admiration pour Montesquieu elle lui facilita la publication de ses œuvres, compta Fontenelle et la plupart des écrivains en renom de l'époque au nombre des habitués du cénacle qui se réunissait chez elle, qu'elle appelait plaisamment *sa ménagerie*, et qu'elle charmait par les agréments de sa figure et de son esprit. Le pape Benoit XIV lui-même était en correspondance avec elle et l'honora de son portrait.

Habile à parler à chacun son langage, sa maison était devenue le rendez-vous des gens du monde et des beaux esprits de Paris, et c'est chez elle qu'un de ses adorateurs, le malheureux La Fresnaye, conseiller au Grand Conseil, se tua. Enfermée d'abord à l'occasion de ce fait au Châtelet, puis à la Bastille, elle fut relaxée peu de temps après.

De sa liaison secrète avec Destouches-Caron, commissaire d'artillerie, elle avait eu un fils qui fut plus tard d'Alembert. L'ami de Voltaire et de Diderot, le protégé du roi de Prusse et de l'impératrice de Russie avait été abandonné et recueilli par la charité. Au faîte de la gloire et des honneurs où son talent l'avait placé, il ne pardonna jamais à sa mère de l'avoir abandonné dès sa naissance et refusa obstinément d'être reconnu par elle.

A la mort de Mme de Tencin, en 1749, son neveu d'Argental avait réuni dans son hôtel les hôtes ordinaires du salon littéraire de sa tante.

Ce vieillard aimable, ami de Voltaire, devait facilement avoir de l'amitié pour Florian qui avait été son élève, et c'est sur le théâtre qu'il y avait fait construire que celui-ci, devant une société brillante, obtenait ses succès de poète et d'artiste.

Le duc de Penthièvre qui, par scrupule religieux, sans vouloir oser le blâmer formellement d'écrire pour le théâtre, s'abstenait d'assister à ses pièces, vit jouer une seule fois par surprise *le Bon père*. Florian s'avança caché sous le masque d'Arlequin et parodiant le mot de Molière il dit : « nous espérions vous donner aujourd'hui la comédie du *Bon père*, mais M. le duc de Penthièvre ne veut pas qu'on le joue. » Le prince, pour complaire à la société qui l'entourait, fut obligé de céder et parut s'y amuser.

Et cependant au sein de ces enchantements, la tristesse se faisait jour chez Florian. Un jour, au milieu d'une de ces réunions brillantes qui marquaient la fin du 18e siècle, pressentant les grondements de la Révolution, il laissait échapper ces mots, en proie à la mélancolie : croyez-moi, nous paierons bien cher ces jours heureux (1).

CHAPITRE VIII.

Nouvelles. — Numa Pompilius.

Le duc de Penthièvre continuait sa vie inquiète. Dégouté du séjour de Paris, il se réfugia à la campagne, où Florian le suivit, mettant à profit l'isolement pour composer ses *Nouvelles* qu'il publia en partie en 1784; les sept dernières ne virent le jour qu'en 1792, sous ce titre : *Nouvelles Nouvelles*. Elles ont avec raison été réunies en un seul volume.

C'est à la charmante et infortunée duchesse de Lamballe qu'elles sont dédiées :

(1) C'est au château du Marais, chez Mme de La Briche que Florian prononça ces mots. (Septembre 1793).

Pour embellir mes héroïnes :
A l'une j'ai donné votre aimable candeur,
A l'autre ce regard, ce sourire enchanteur,
Ces grâces à la fois et naïves et fines ;
Ainsi, partageant vos attraits
Entre ma Célestine, Elvire et Félicie,
Il a suffit d'un de vos traits
Pour que chacune fut jolie.

Elles sont presque toutes attachantes, et dans leur nombre figure *Claudine*, nouvelle Savoyarde, ce chef-d'œuvre de grâce et de sentiment :

Une jeune bergère de Chamounix, le cœur troublé par l'amour, est séduite par un Anglais.

Le jeune touriste « lui avait dit qu'il était amoureux d'elle, qu'il voulait s'établir à Chamounix pour ne plus la quitter et pour l'épouser. Moi je l'aime, ajouta Claudine ; il me l'a juré plus de cent fois ; il m'a dit que ses affaires le forçaient de retourner à Genève, mais qu'avant quinze jours il serait ici, qu'il y achèterait une maison, que notre mariage se ferait tout de suite. Il s'est assis près de moi, m'a embrassée en m'appellant sa femme et m'a donné cette bague comme l'anneau des mariés ».

Chassée de la maison paternelle, on la retrouve à Paris avec le jeune Benjamin à qui elle a donné le jour, gagnant l'un et l'autre péniblement mais honorablement leur vie jusqu'au moment où le hasard les met en présence de Belton, son séducteur. Après plusieurs péripéties où le tragique a sa part, un mariage célébré à Chamounix vient heureusement terminer ce récit touchant : « Monsieur et Madame Belton s'en retournèrent au bout d'un mois, emportant avec eux les bénédictions de tout le monde : ils sont à Londres, où Benjamin a déja cinq ou six frères ou sœurs ».

Florian n'avait cessé d'étudier la littérature Espagnole, il avait trouvé chez elle des éléments de richesse qu'il sut mettre à profit : « mais il dépassa ses modèles, et ses *Nouvelles*, qui sont toutes le développement d'une idée morale sous une forme historique, l'emportent autant par la simplicité et la grâce touchante du récit que par la richesse du fond » (1).

Sélico, nouvelle africaine, retrace les conquêtes et les cruautés du roi de Dahomay, ce nègre féroce qui avait des boucheries de chair humaine dont il nourrissait ses soldats anthropophages. La fierté des caractères qu'il nous dépeint aide le lecteur à supporter la description de mœurs atroces.

Valérie, nouvelle italienne, est l'histoire d'une malheureuse femme enterrée morte et qui ressuscite dans les bras de son amant. Elle l'épouse, mais son premier mari la réclamant, ce n'est que

(1) Michel Nicolas. *Florian*, p. 410.

sur l'intervention du Pape que ce premier mariage est cassé fort à propos, elle peut donc vivre enfin avec celui qui l'a rendue à la vie.

Valérie a conservé une pâleur et une mélancolie silencieuse, au sein d'une société qui ignore sa résurrection. Quand on y parle d'histoires de revenant qui éveillent la terreur ou l'incrédulité, elle parait ne voir là rien de merveilleux, et après avoir dit qu'on peut voir en elle une revenante elle s'empresse de rassurer ceux qu'elle a effrayés.

Zulbar est un conte oriental allégorique et philosophique. Il s'agit d'hommes changés en différents animaux et qui traitent des questions de philosophie ou de morale. Zulbar, grand Vizir du Sultan des Indes, disgracié pour avoir fait son devoir se plaint à une fourmi philosophe qui était auparavant le fils d'un roi ; de ce dialogue, découlent des maximes diverses.

Camiré est une histoire américaine qui se passe au Paraguay. Un jeune indigène de ces plaines sauvages discute avec son précepteur Jésuite qui veut l'engager à prendre un état, et voilà notre sauvage faisant le procès facile des différentes professions chez les civilisés.

Nous bornerons là cet aperçu ; ces nouvelles offrent toutes plus ou moins de l'intérêt et sont écrites avec élégance.

En 1786, désireux de produire une œuvre plus importante, il publie *Numa Pompilius* qu'il dédie à la Reine.

Numa est un exemple des illusions que l'on retrouve chez la plupart des auteurs, sur la valeur et le succès probable de leurs œuvres.

Il était tout heureux d'avoir trouvé un pareil sujet, s'étonnait qu'il n'eut pas encore été traité et fut tout surpris du peu de faveur qu'il obtint (1). Peut-être y eut-il de l'injustice à son égard. Les nombreuses recherches que la composition de ce roman lui avait occasionnées, les travaux historiques qui lui aidèrent à saisir la figure du héros Romain, attestent l'importance qu'il attachait à cette œuvre. Et cependant il ne réussit pas toujours à respecter la couleur antique ; la vérité historique plie parfois devant les nécessités d'une fable souvent dépourvue de relief et d'intérêt (2).

Traduite dans les principales langues d'Europe, l'œuvre trouva à l'étranger un accueil plus favorable qu'en France où on ne voulut voir en elle qu'une froide imitation de Télémaque : « le juge-

(1) Marie-Antoinette disait à M. de Besenval : « Qnand je lis *Numa* il me semble que je mange de la *soupe au lait* ».

(2) Rivarol avait fait un article des plus acerbes contre *Numa Pompilius*, des amis communs le décidèrent à ne pas le publier. Il ne parut dans le *Spectateur du Nord* qu'après la mort de Florian.

ment qu'on en porta ne fut pas injuste, rien n'y rachetait la monotonie de cette prose poétique, dont on a de nos jours fait un si grand abus. Dans *Numa* l'auteur s'excusait fort spirituellement d'avoir essayé de marcher sur les traces de l'auteur de *Télémaque;* il se trompait du moins quant au style : la prose de Fénélon est simple, harmonieuse, correcte, facile même et quelquefois traînante, comme dit *Voltaire,* dans la charmante pièce du *Mondain,* mais elle n'est point poétique, quoique son ton soit élevé quand il le faut. Il serait impossible d'exprimer autrement que ne l'a fait l'auteur, la plus grande partie des choses qu'il veut dire ; et s'il a presque toujours l'air antique, c'est moins par l'expression dont il se sert que par le fond même des idées » (1).

CHAPITRE IX.

Florian est reçu à l'Académie Française.

Le nom de Florian marquait déjà dans les lettres ; l'Académie Française l'avait couronné une première fois pour son épitre de *Voltaire et le serf du Mont-Jura ;* son églogue de *Ruth* dédiée

(1) Boissy d'Anglas, Florian, *Etudes littéraires et poétiques d'un vieillard.*

à son bienfaiteur le duc de Penthièvre, lui valut pareille distinction. Ses œuvres très connues justifiaient son désir de briguer le fauteuil académique ; ses amis lui en aplanirent le chemin à la mort du cardinal de Luynes en 1788.

La lutte fut vive ; il avait pour concurrent M. Vicq-d'Azir, médecin et professeur d'anatomie éminent, allié à Daubenton, et qui depuis peu de temps venait d'être reçu à l'Académie des sciences (1).

Florian écrit à ce sujet à son ami Boissy-d'Anglas : « Je commence à être un peu piqué de me voir toujours préférer des personnes que je ne connais que lorsqu'elles passent devant moi ; et cette fois-ci, je veux en découdre absolument. M. Vicq-d'Azir est mon plus redoutable rival ; il a sur moi le grand avantage de n'avoir été lu de personne ; mais je n'en oserai pas moins troubler son triomphe, et je me battrai de toutes mes forces ; j'ai déja mis en jeu mes princes, mes princesses, mes amis ».

Il fut élu à l'âge de trente-trois ans; très-peu d'auteurs avaient eu le privilège d'entrer aussi jeunes à l'Académie Française. Il en éprouva une vive joie et il se plut à la témoigner à ses nombreux amis.

(1) M. Vicq-d'Azir entra plus tard à l'Académie Française ; il fut nommé à la place de Buffon.

Il écrit à Boissy-d'Anglas pour lui faire connaître la bonne nouvelle, du château d'Anet, le 7 mars 1788, ou il s'était rendu précipitamment et de nuit pour annoncer son élection au duc de Penthièvre :

« Vous êtes le premier, mon cher confrère, à qui j'écris pour annoncer que l'Académie Française m'a élu hier jeudi 6 mars, pour remplir la place vacante par la mort du Cardinal de Luynes. M. Vicq-d'Azir, mon concurrent, m'a disputé la place de si près, que j'ai eu la pluralité d'une seule voix, quinze contre quatorze m'ont fait gagner ma cause.

» Je me reprocherai, mon cher confrère, de laisser passer un jour de plus sans vous remercier de tout ce que je vous dois, des efforts que vous avez employés auprès de M. de Laharpe. Je ne doute pas plus à présent de son amitié que de la vôtre, c'est vous dire aussi, j'espère, combien elle m'est chère, combien j'y attache de prix. J'en sens beaucoup plus que je ne puis vous en dire, mon cher confrère ; je suis épuisé de fatigue, mais je vous suis bien reconnaissant et surtout bien tendrement attaché. Je vous embrasse de tout mon cœur comme je vous aime » (1).

Et dans une autre lettre où il lui rend compte des détails de la bataille académique il écrit :

(1) Lettre à Boissy-d'Anglas, 24 janvier 1788.

« C'est M. Marmontel qui m'a servi avec beaucoup de succès et de zèle, jamais je ne l'oublierai ».

La réception eut lieu le 14 mars 1788; elle fut brillante. Le duc de Penthièvre et sa famille y assistèrent. Ce jour là le nouvel élu s'écarta de sa discrétion habituelle, et pour la première fois adressa lui-même, publiquement, des éloges à son bienfaiteur, cette fois obligé de les subir: « Celui, dit-il, que vous révérez tous, celui que soixante ans d'une vie pure et sans tâche ont rendu l'objet de la vénération publique, dont le nom, tant de fois béni par le pauvre, n'a jamais été prononcé que pour rappeler une bonne action, qui né dans le sein des grandeurs, comblé de tous les dons de la fortune, ignore s'il est d'autres jouissances que celle d'être bienfaisant; celui dont l'aimable modestie souffre dans ce moment de m'entendre révéler ses secrets et qui aura peine à me pardonner la douce émotion que je vous cause » (1). Le panégyrique de Voltaire, l'aveu d'un profond amour de la nature, un souvenir pieux à l'occasion de la mort de Gessner, précédé d'un dithyrambe sur les célébrités qui l'ont fait leur collègue et qui l'entourent, tels sont les principaux éléments de son discours de réception.

(1) Discours de réception de Florian à l'Académie.

Cette solennité littéraire se termina par une fête que le duc de Penthièvre donna à l'Académie, à Sceaux : « Les muses, si longtemps citoyennes de Sceaux, ont reconnu leur ancien asile ; nos naïades sont toutes sorties de leurs grottes pour voir les successeurs des Fontenelle, des Saint-Aulaire, des de Malézieu » (1).

CHAPITRE X.

Estelle. — Description de Beau-Rivage. — Quelle personnalité Florian a-t-il eu en vue en écrivant *Estelle?* — M. de Buffon.

Florian venait d'être reçu à l'Académie française ; il en éprouva une vive satisfaction ; cette joie ne fut pas la seule, d'autres successivement vinrent s'y ajouter.

« Depuis le mois de janvier, je n'ai pas respiré un instant. J'ai été écrasé de bonheurs ; tout m'est arrivé à la fois, et les jours m'ont à peine suffi pour les visites et les devoirs indispensables que tant de félicité m'a imposés. J'ai obtenu, en trois semaines, le brevet de lieutenant-colonel, la croix de Saint-Louis, mon fauteuil académique, et une abbaye, à six lieues de Paris, pour une tante à moi, religieuse à Arles » (2).

(1) Lettre à Boissy-d'Anglas, Paris, 31 mai 1788.

(2) Lettre à Boissy-d'Anglas, Paris, 31 mai 1788.

Ce fut l'époque la plus heureuse de sa vie : jeune, déjà célèbre, entouré d'amis dévoués qu'il s'appliquait à servir par son crédit, nul n'aurait pu croire que les plus cruelles épreuves lui étaient prochainement réservées, et que le sort, qui se joue des joies humaines, se préparait à l'arracher violemment à sa vie de travail et de bonheur pour le plonger dans les horreurs d'un cachot.

La période des premiers enchantements écoulée, Florian se remet à l'étude et publie, l'année d'après, son œuvre immortelle. *Estelle* est certainement son ouvrage de prédilection.

Nous sommes en 1788. C'est au milieu de l'ébranlement social que voyait le jour cette tendre pastorale ; elle n'en fut pas moins lue avec avidité ; les préoccupations de la vie publique n'avaient encore rien enlevé aux esprits de leur attachement aux choses purement littéraires.

L'auteur avait mis tous ses soins à sa nouvelle œuvre. Le style en est châtié et conforme aux principes qu'il avait inscrits lui-même dans la préface où il traite de la pastorale : « Quant au style de la prose, dit-il, il doit tenir du roman, de l'églogue et du poème. Il faut qu'il soit simple, car l'auteur raconte ; il faut qu'il soit naïf, puisque les personnages dont il parle et qu'il fait parler n'ont d'autre éloquence que celle du cœur ; il faut aussi qu'il soit noble, car partout il doit être question de la vertu, et la vertu s'exprime toujours avec noblesse ».

En exposant ces règles, Florian s'attachait à les suivre; un intérêt puissant sur son cœur le poussait à tout faire pour que cet ouvrage fût digne de lui : « La scène, dit-il, est dans la province, dans l'endroit même où je suis né : il est si doux de parler de sa patrie, de se rappeler les lieux où l'on a passé ses premiers ans, où l'on a senti ses premières émotions ! Le nom seul de ces lieux a un charme secret pour votre âme : elle semble rajeunir en pensant à ce temps heureux de l'enfance où les plaisirs sont si vifs, les chagrins si courts, les jouissances si pures. Ce souvenir est toujours accompagné de souvenirs encore plus chers : ceux qui nous donnèrent le jour, ceux qui prirent de nous de tendres soins, nos premiers, nos meilleurs amis, viennent embellir les scènes qui se retracent à notre mémoire » (1).

Qui ne se sent ému à la lecture du récit des amours du tendre *Némorin* et de la charmante *Estelle* : « De toutes ces bergères, dit il, l'honneur, l'ornement de leur pays, *Estelle* fut la plus belle, la plus tendre, la plus vertueuse. Instruite de bonne heure de ses devoirs, sans cesse occupée de les

(1) *Essai sur la Pastorale*, p. 18.

suivre, elle n'avait imaginé qu'il pouvait s'en trouver de pénibles. Toutes ses pensées étaient pures comme la source du Gardon ; tous ses désirs avaient pour objet la félicité des autres : simple, douce, franche, sensible, elle ne distinguait point le bonheur de la vertu » (1).

Tel est le portrait de sa poétique bergère ; les différents épisodes de son amour avec Némorin sont d'une naïveté charmante, et seront à jamais populaires ; les descriptions et les récits champêtres qui leur servent de cadre joignent à l'exactitude des mœurs locales une fraîcheur pleine de charme et de sensibilité (2).

Tantôt l'auteur nous fait assister à une lutte musicale entre les bergers des bords du Gardon, d'où sort vainqueur le jeune Némorin, pour avoir le mieux chanté l'Amour, et qui s'empresse de déposer aux pieds de sa bien-aimée le prix du concours : « Tous veulent, ajoute t-il, qu'Estelle embrasse Némorin ; tous le demandent à haute voix. Estelle, effrayée, se retire dans les bras de Marguerite ;

(1) *Estelle*, p. 23.

(2) Les Etats de Languedoc, dans la séance du 21 février 1789, acceptèrent la dédicace de l'*Estelle*, de Florian, en termes élogieux. Ils tinrent leur dernière séance et accomplirent, ce jour-là, le dernier acte de leur existence politique. (Voir, aux pièces justificatives, le procès-verbal de la séance des Etats).

elle refuse d'obéir : mais Marguerite et les juges lui prescrivent ce devoir d'usage envers les vainqueurs ; alors Estelle, vermeille comme la fleur de l'églantier, penche son visage vers Némorin, en tenant toujours la main de sa mère » (1).

Puis c'est l'exil de Némorin *de l'autre côté du Gardon*, éloignement que trouvent bien grand ces deux cœurs épris, quoique cette rivière puisse se franchir à pied sec aisément, à certains endroits, pendant l'été ; et quand le malheur vient fondre sur eux, Estelle, à la recherche de son berger, fait retentir de ce doux nom les roches désertes de *Couta* en chantant cette chanson si connue, et qui berça nos premiers ans :

Aï! s'avés din vostré villagé,
Un jouin' é tendré pastourel,
Qué vous gagn' au premié cop d'iel,
E pieï qu'à toujours vous éngagé :
És moun ami, rendé-lou mé ;
Aï soun amour, él a ma fé.

Mariée, malgré elle, au vertueux Méril, par son père, que liaient la reconnaissance et la parole donnée, la pauvre Estelle est retrouvée, après la mort glorieuse de son époux, par Némorin, qui l'entend proférer ces paroles : « O toi, qui possédas de mon cœur tout ce qu'il pouvait t'accorder ;

(1) *Estelle*, p. 29.

toi qui voulus me rendre heureuse, et dont je n'ai pas fait le bonheur, pardonne, mon digne époux, pardonne-moi de m'être toujours dérobée à ton chaste amour ; d'avoir accepté le sacrifice de tes pudiques désirs. Je l'ai dit, je n'étais pas digne de toi : tu méritais une épouse dont le cœur t'appartînt tout entier ; et le mien ne put jamais éteindre la première flamme dont il a brûlé » (1).

L'hymen vient enfin unir les deux amants, qui se retrouvent, après les cruelles péripéties qu'ils ont traversées, aussi épris que jamais, et de douces larmes coulent sur les joues d'Estelle quand elle prononce le serment si doux d'aimer toujours Némorin.

L'épisode guerrier de Gaston de Foix vient jeter ses teintes sombres au milieu de ces riants tableaux, et donner du relief à ces poétiques récits.

Telle est succinctement résumée l'œuvre à jamais célèbre de cet aimable écrivain. Eternellement elle fera battre, de tendres émotions, les cœurs sensibles, et, comme *Paul et Virginie*, restera un modèle de grâce, d'intérêt touchant et de douce mélancolie.

Nous avons dit que Florian avait fait précéder *Estelle* d'un *Essai sur la Pastorale* : il ne se bornait pas à y tracer les règles qui devaient, selon lui, présider à ce genre de composition ; il plai-

(1) *Estelle*, p. 151.

dait la cause du genre lui-même, que beaucoup d'esprits distingués de son époque persistaient à trouver factice ou d'un goût faux.

Malgré son succès, les critiques ne manquèrent pas à cette pastorale languedocienne : Le Brun, M. de Thiard, M. de Ségur (2), ne les lui ménagèrent pas ; et Rivarol, impitoyable dans ses sarcasmes, même vis à-vis d'un compatriote, un jour qu'il rencontrait notre chevalier avec un manuscrit sortant à demi de sa poche, lui dit, avec sa spirituelle moquerie : « Ah ! Monsieur, si l'on ne vous connaissait pas, on vous volerait ».

De nos jours, il est admis, malgré leurs mérites, que les bergeries de Florian plaisent, surtout à un certain âge de la vie. L'auteur genevois, M. Topffer, dans son roman *Le Presbytère*, fait dire à une de ses héroïnes, écrivant à celui qu'elle aima : « Vous souvient-il quand nous dévorions ces pages toutes pleines de faux pour les grandes personnes, toutes vivantes de vérité pour nos imaginations d'alors ? Avez-vous oublié cette ivresse avec laquelle nous parcourions tout ce monde pastoral ? Aimables bergères au teint si blanc, malgré le soleil ; à la robe si propre, malgré l'étable ; au langage si élégant, sans école, sans Lancastres ! Mais

(2) M. le vicomte de Ségur, à propos de cet ouvrage, disait : « Ces bergeries sont charmantes ; mais elles le seraient davantage si, de temps en temps, on y rencontrait quelques loups ».

dites, Charles, quel dommage qu'il n'y en ait plus ! Pourquoi le monde n'est-il pas fait ainsi !..... Le livre m'est tombé sous la main, l'autre jour ; vous le dirai-je, je n'y prenais plus de plaisir ; il me rappelait nos lectures, voilà tout ; mais plus d'ivresse. J'en ai pleuré presque. Est-ce que tout ce qui nous charme doit ainsi disparaître » ?

C'est que, en effet, quels que soient les désenchantements de la vie, on aime à s'attarder à ces douces et fraîches créations ; les froides réalités sont impuissantes à nous faire oublier, ainsi que la dit un savant critique, *le souvenir de cette belle matinée de la vie, où notre âme s'ouvrait si joyeuse au soleil de cette claire échappée, vers l'aube amoureuse et le bleu du ciel* ».

» L'idylle ne meurt pas plus que la tragédie, dont on a prononcé tant de fois l'oraison funèbre ; elle ne fait que se transformer. Si elle perd sa grâce native dans les fadeurs et les mièvreries du roman pastoral, elle se relève jusqu'à la hauteur des plus nobles conceptions de l'esprit, lorsqu'elle puise ses inspirations au cœur même de la nature, qu'elle déroule les plus simples incidents de la vie humaine au milieu des splendeurs de la création. C'est ainsi qu'aux confins de deux mondes, de deux siècles, on vit éclore, dans une île de l'Océan indien, comme une perle formée par les flots de la mer, la plus suave, la plus touchante et la plus poétique des idylles : *Paul et Virginie*, qui pourtant n'a pas fait oublier *Estelle et Némorin* » (1).

La vallée riante où Florian a placé ses héros est située entre Cardet et Massane, et ce séjour enchanteur porte le nom prédestiné de *Beau-rivage*. Il la décrit ainsi : « Sur les bords du Gardon, au pied des hautes montagnes des Cévennes, entre la ville d'Anduze et le village de Massane, est un vallon où la nature semble avoir rassemblé tous ses trésors. Là, dans de longues prairies, où serpentent les eaux du fleuve, on se promène sous des berceaux de figuiers et d'acacias. L'iris, le genêt fleuri, le narcisse émaillent la terre : le grenadier, l'aubépine, exhalent dans l'air des parfums : un cercle de collines, parsemées d'arbres touffus, ferme de tous côtés la vallée ; et des rochers couverts de neige bornent au loin l'horizon. Cètte charmante retraite est nommée, à juste titre, *Beau-rivage* » (2).

Depuis peu d'années, ces lieux, que notre poète dépeint avec tant de complaisance, ont bien changé d'aspect. A l'endroit même où fut le jardin merveilleux que la nature seule avait créé et qu'arrosait le Gardon, l'œil ne trouve qu'une grève aride

(1) ***Rapport** au Concours des Jeux floraux d'**Anduze***, par M. Gaujoux, professeur de littérature française au collége d'Alais.

(2) ***Estelle***, p. 22.

et désolée ; cette rivière capricieuse, que se renvoyaient réciproquement, par des barrages artificiels, les riverains, auxquels elle faisait payer cher ses bienfaits, a emporté, par ses débordements redoutables, jusqu'aux dernières traces de ces bords enchanteurs et de leurs poétiques ombrages.

Si l'œuvre de l'écrivain traverse les âges, les lieux qu'il a chantés furent moins durables ; la vallée de *Beau-rivage* n'existe plus aujourd'hui.

La création d'*Estelle* est-elle une œuvre purement d'imagination ou bien la jeune bergère cachait-elle pour l'auteur une personnalité par lui connue et aimée ?

Les données diverses que l'on possède sur ce sujet délicat ne permettent plus de douter des sentiments qu'une femme inspira au jeune Florian.

Quelle était cette personne ?

Cette question a divisé les contemporains du poëme aussi bien que les nôtres ; comme elle préoccupa l'auteur lui-même.

Trois personnes à la fois furent considérées comme l'ayant inspiré.

On a dit d'abord que celui-ci, toujours désireux de plaire au duc de Penthièvre, aurait eu en vue sa fille, la duchesse d'Orléans.

En second lieu, Mme Gonthier (1) une actrice des Italiens et du Théâtre Favart, interprète distinguée des *arlequinades* de notre chevalier avait fait succéder aux relations théatrales et littéraires qu'elle avait avec lui, des relations plus tendres; Florian était très-amoureux d'elle (la chronique scandaleuse de l'époque prétendait que, mû par la jalousie, il tempérait parfois ses ardeurs par des coups de cravache). La charmante actrice revendiquait le mérite d'avoir servi de type et une présomption un peu excessive l'amena à penser que son poëtique chevalier avait trouvé en elle l'image de la douce et innocente bergère des bords du Gardon.

Initiée par lui à tous les incidents de sa composition, elle écoutait la lecture du manuscrit, ne dédaignait pas de donner son avis, parfois avec un goût sûr et délicat. C'est ainsi qu'elle lui conseilla d'enlever une scène par trop tragique, mal à sa place dans *Estelle* et qu'il utilisa plus tard dans son roman héroïque *Gonzalve de Cordoue*:

« Que faites-vous? lui avait-elle dit, vous ensanglantez mes roses ».

Il y avait enfin une troisième personne, une jeune femme du monde à laquelle Florian avait sur-

(1) Mme Gonthier a joué la comédie à Paris, encore très agée; nos contemporains ont pu la voir dans *Ma tante Aurore.*

tout pensé. Connaissant sa modestie, il lui dédia son roman sans la nommer.

Le tirage du poëme d'*Estelle* avec cette dédicace anonyme avait déjà commencé chez l'éditeur (1), il fut brusquement interrompu par déférence pour celle à qui il s'adressait et remplaçé par l'invocation aux bergères de mon pays qui ouvre le livre. Florian lui fit connaître que, selon son désir il n'en serait plus question et moins naïf que ses héros et avec un brin de cette rouerie de ce XVIII siècle dont il était une des dernières expressions il lui écrivit ces mots :

« Tous ceux qui vous connaissent verront bien que c'est vous ; tous ceux qui ne vous connaissent pas croiront que c'est Mme la duchesse d'Orléans. Vous gagnerez toutes les deux à l'erreur. »

Il semble que cette discussion n'aurait pas dû survivre à l'époque où elle s'était produite. Cependant de nos jours et sur les lieux mêmes qui ont servi de cadre à cette pastorale on s'est plû à citer les noms inspirateurs de plusieurs personnes de ces contrées.

En peignant *Estelle*, Florian a voulu mettre en scène, Mlle de S***. disent les uns, d'autres pré-

(1) Cette dédicace anonyme d'*Estelle* a paru depuis dans les œuvres posthumes de Florian, trois exemplaires seulement en furent tirés à cette époque.

tendent qu'il avait eu uniquement en vue Mlle de B***; que le tendre sentiment qu'elle fit naître chez lui vint se heurter à des obstacles qui rendirent une union impossible.

Voilà donc, il nous semble, cinq *Estelle* en présence ; bornons-là cette curieuse recherche et sans prendre parti en matière aussi délicate, pas plus jadis que de nos jours, renonçant à pénétrer le secret de son cœur, nous dirons que, brodant son poëtique récit sur un thème qui lui était cher, Florian trouva ces accents si touchants et si tendres, ces scènes de déchirement et de joie que puisent au fond d'eux-mêmes ceux-là seuls qui ont vécu leurs œuvres. La véritable émotion vient d'une âme troublée elle-même ; Horace dit avec raison :

> .... Si vis me flere, dolendum est
> Primum ipsi tibi :

Florian avait donné tous ses soins à son œuvre préférée. Ses amis en attendaient la publication qu'il annonçait prochaine, c'est ainsi qu'il écrit à Boissy-d'Anglas :

« *Estelle* est achevée et sèche tristement auprès des poëles de M. Didot. Vers la fin de décembre elle prendra son essor, et tournera d'abord ses pas vers Annonay ; elle ira vous saluer au bord de ce ruisseau charmant que je connais, que j'aime sans l'avoir vu et mon heureuse *Estelle* entendra des vers plus doux et plus harmonieux que ceux de mon Némorin (1). »

Heureux du succès qu'elle obtint, il recevait, sans abdiquer cette modestie et cette simplicité qui ne le quittèrent jamais, les hommages de ses confrères de l'Académie et de ses contemporains.

Le vieux Buffon quoique courbé sous le poids des ans n'était pas un de ses moins fervents admirateurs, il lui écrivait :

« La douce, l'aimable, l'intéressante *Estelle* a suspendu mes maux. L'intérêt qu'elle m'inspire me faisait désirer d'arriver à la fin de chaque livre, et cependant je regrettais d'avoir un plaisir de moins à espérer. Mille grâces vous soient rendues de m'avoir procuré de si doux moments au milieu de mes souffrances » (2).

L'auteur de l'*Histoire Naturelle* touchait, en effet, au terme de sa longue vie si remplie et si honorée. Il avait fait de son nom un des titres de la gloire nationale, en dotant son époque d'une œuvre à jamais immortelle. Quels qu'aient été après lui les progrès des découvertes scientifiques ; s'il n'est que trop reconnu aujourd'hui que la plupart de ses hypothèses sont erronées et leurs

(1) Lettre à Boissy-d'Anglas, Paris, 16 nov. 1787.

(2) Lettre de Buffon à Florian, 15 décembre 1789.

conjectures sans fondement, ses travaux néammoins resteront comme un des plus grands monuments du XVIII siècle et constituent en plusieurs points les fondements solides qui servent aujourd'hui d'assises aux sciences naturelles.

Buffon sut en effet joindre à la science du naturaliste, le talent de l'écrivain. Nul n'a mis une langue plus belle au service des descriptions historiques ou physiques et n'a su mieux que lui l'approprier à des sujets nouveaux. Noble et majestueux comme la nature qu'il dépeint, son style est énergique et élevé (1) ; embrassant le monde entier dans ses admirables tableaux, il passe des grands effets aux détails sans cesser d'être lui-même et reste supérieur aussi bien à ses contemporains qu'à Pline et à Aristote.

La majesté de son langage et la perfection de son art ne pouvaient le distraire des idées philantropiques qui passionnaient ses contemporains. Son génie était humain et s'attachait à ces questions douloureuses qu'agitent ceux qu'anime le véritable amour des hommes : « Buffon est bien de son temps par l'émotion généreuse avec laquelle il

(1) La légende de Buffon n'écrivant qu'en habit doré et en manchettes, n'est qu'une invention plaisante du prince de Monaco et de Saint-Lambert.

proteste contre la misère imméritée et contre l'esclavage » (1).

Dès sa jeunesse, il s'était senti attiré par l'étude des sciences et avait débuté par des mémoires sur des expériences physiques. C'est quand il eut été nommé intendant du jardin du Roi qu'il conçut le plan de son *Histoire Naturelle,* mettant à profit les ressources que lui offrait ce vaste établissement; il est juste toutefois de citer les noms des collaborateurs qui l'aidèrent dans cette longue tâche, tels que Daubenton, Gueneau de Montbeillard, Bescou et Sonnini.

Ennobli par le Roi et comblé d'honneurs, il vit même sa statue érigée à l'entrée du Jardin des plantes, où il avait vécu, trente ans, en véritable souverain et qu'il avait enrichi par ses bienfaits.

Il partageait sa vie entre la science à laquelle il donnait la plus large part et les excursions pendant les beaux jours d'été à son château de Montbard où il allait jouir des splendeurs de la nature et écrire comme sous sa dictée, ses pages admirables (2).

(1) N. Michaut, *éloge de Buffon* ouvrage couronné, en 1878, par l'Académie française. — Paris, Hachette.

(2) Buffon, malgré le sérieux de son esprit, conserva toute sa vie le goût de la plaisanterie ; au Jardin Royal, il aimait à mystifier ses voisins, à Montbard il s'amusait des pantomimes et des *charges* du peintre *Touzet.*

Il mourut en 1788 un an avant la Révolution (1); dernier survivant de cette pléiade de philosophes et d'écrivains qui l'avaient préparée, mais qui ne la virent pas.

Encore quelque temps et son fils, que ne pourra préserver la gloire paternelle, jettera à la foule, du haut de l'échafaud révolutionnaire, cette parole indignée : « Je me nomme Buffon ! »,

CHAPITRE XI.

Les Fables. — Gonzalve de Cordoue.

Le duc de Penthièvre avait dit un jour à Florian « Essayez de faire des Fables : » Ce conseil fut suivi et devint la cause du meilleur ouvrage de notre poëte. Il ne se hâta point toutefois de les publier, elles ne virent le jour que deux ans avant sa mort en 1792.

Il ne cessa de les revoir avec soin et amour. Tout pénétré d'admiration qu'il fut pour le génie

(1) Dans son discours de réception à l'Académie française, Florian fit l'éloge de Buffon et poussa l'hyperbole jusqu'à dire que la vie de l'immortel écrivain serait comptée *au nombre des Epoques de la Nature.*

de La Fontaine, il crut néammoins qu'il y avait une place encore belle à prendre au dessous de la sienne.

Comme lui, il emprunta certains sujets à Esope ou à Phèdre; mais aussi à *Bidpaï* (1), à *Gay* (2), auteur anglais, aux fabulistes allemands et comme l'amour de la littérature Espagnole ne le quittait jamais, il puise dans Yriarté les apologues sur lesquels il brode ses fables les plus heureuses.

C'est l'ouvrage de Florian qui sera le plus admiré et sans contredit son titre le plus incontestable. Il a su saisir le véritable but de la fable ; la morale est constamment bien amenée et s'adapte heureusement au sujet. Poëtique et enjoué tour à tour, il sait être grave aussi quand le sujet l'exige « son talent s'y montre au complet avec son natu-

(1) *Bidpay* (ou *Pilpay*), fabuliste Indien, auteur d'un recueil de fables primitivement écrites en Sanscrit ; il fut traduit en Arabe puis en Hébreux, enfin, en Latin par Jean de Capoue en 1262. Bidpay vivait selon les uns 2,000 ans avant J.-C. selon les autres 250 seulement.

(2) *Gay* (John), poëte anglais, né en 1688, auteur de fables qu'il fit pour l'instruction du duc de Cumberland. Il fut fait secrétaire de la duchesse de Monmouth ; attaché au comte Clarendon dans son ambassade de Hollande, il mourut de chagrin d'avoir été disgràcié, à l'âge de 45 ans. On a de lui des comédies, des opéras et des églogues rustiques.

rel gracieux, sa diction facile et spirituelle, avec une morale aimable et bienveillante, mais qui n'exclut ni la raillerie ni la malice. Il avait de cette malice en causant; il excellait à railler et à contrefaire; il osait peu se livrer à sa gaité naturelle en écrivant. C'est un don de l'expérience et même d'une profonde étude que d'être familier et de rire avec ses lecteurs » (1).

Dans le *Lapin et la Sarcelle*, il y a du charme dans l'expression des sentiments; le paysage qui sert de cadre au récit est plein de fraîcheur et de vérité et les liens d'amitié que dépeint cette fable rappelent les *Deux Pigeons* de La Fontaine.

Dans *Hercule au Ciel*, il a des traits pleins de gaieté, dignes de son immortel modèle. Il faut convenir toutefois que les fables de Florian, malgré leurs qualités, manquent de ces échappées épiques qui constituent la haute poësie et qui dans La Fontaine captivent le lecteur et l'émeuvent.

Il en est néanmoins où l'énergie ne fait pas défaut, telles que : *le Perroquet, la Chenille* (2) etc.... d'autres sont de petits chefs-d'œuvre, telles sont : *l'Aveugle et le Paralytique, les Singes et le Léopard, le Savant et le Fermier, le Roi et les deux Bergers, Don Quichotte, la Sarigue et ses petits ;*

(1) *Sainte-Beuve.* Causeries du lundi.

(2) La fable de *la Chenille* visait, paraît-il, Mme de Genlis.

c'est dans cette dernière que se trouve ce vers si connu :

> L'asile le plus sûr est le sein d'une mère.

Elles se terminent par un épilogue où il annonce la fin de ses travaux et son désir de vivre libre et content dans la retraite.

> Là que faut-il pour le bonheur ?
> La paix, la douce paix du cœur,
> Le désir vrai qu'on nous oublie.
> Le travail qui sait éloigner
> Tous les fléaux de notre vie.
> Assez de bien pour en donner,
> Et pas assez pour faire envie.

Le poëme de *Ruth* qui fut couronné par l'Académie en 1784 et dédié au duc de Penthièvre et celui de *Tobie* terminent le volume.

Gonzalve de Cordoue parut en 1791; les exploits de son héros, ses amours avec Zuléma trouvèrent ses lecteurs aussi froids que ce que les avait laissé *Numa Pompilius.* La prose poëtique de l'auteur est impuissante à surmonter les inconvénients d'une pareille composition :

La ville de Grenade est assiégée par Ferdinand et Isabelle. Gonzalve, emporté par son courage, a pénétré dans la place. Arrivé devant le palais, il voit Zuléma, la fille du roi Muley-Hassem implorant sa pitié ; les charmes de la belle mauresque subjuguent le vainqueur. Cet amour inspire dans la suite à Gonzalve des actes de dévouments héroïques ; il arrache notamment à travers mille dangers Zuléma des mains d'un prince Africain. Couvert de blessures, celle qu'il a sauvée lui prodigue ses soins les plus dévoués sans se douter qu'elle a à faire à un chrétien. Elle l'aime et quand Gonzalve plongé à son tour dans un cachot est à la veille de mourir, elle y descend pour lui apporter le poison et mourir avec lui. A la suite de péripéties nouvelles, Zuléma emprisonnée elle-même avec son père écrit à son amant de venir les délivrer, elle ne peut lui promettre comme récompense un cœur qu'elle lui a donné depuis longtemps : « ma main, dit-elle, pourra seule acquitter ce que tu feras pour mon père ».

Gonzalve accourt, brise les portes d'airain, pénètre jusqu'à la princesse, qui n'attendait plus que la mort aux pieds de Muley-Hassem :

« Vous êtes libre, s'écrie Gonzalve en s'élançant à ses pieds.

Enfin Grenade est partout conquise ; partout l'Espagnol triomphant arbore les tours de Castille et couronne tant d'heureux exploits par son humanité pour les vaincus. Gonzalve, peu de jours après, reçoit la main de Zuléma. Muley, vaincu par ses vertus, consentit à le nommer son gendre, et n'en aima pas moins sa fille, quoiqu'elle suivît la loi des chrétiens ; et le plus grand des héros, le plus fidèle des amants, la plus aimable des épouses, commencèrent une longue suite de jours fortunés et glorieux ».

Le fond de l'ouvrage est monotone, la conception du plan est bonne néanmoins, les descriptions souvent heureuses, notamment le récit d'un combat de taureaux ; son héros ne cesse d'intéresser, mais l'originalité fait défaut et l'œuvre n'est pas toujours exempte de pensées exagérées et de fautes de goût.

Que ne faut-il pas en effet pour relever un genre aussi ingrat pour ne pas dire absolument faux ? aux batailles, aux combats héroïques, aux descriptions diverses de fêtes, de campagnes, de tempêtes, comme à toute espèce de récits épiques, il faut l'harmonie du rhythme et de la cadence poëtique. Le langage de la versification revêt toutes choses de couleurs magiques qu'il agrandit en les parant.

En vain objectera-t-on que l'œuvre de Fénélon est écrite en prose. Si *Télémaque* reste en effet une œuvre à jamais remarquable où se retrouve l'écho des beautés antiques, et dont le style semble emprunté alternativement à Homère, à Virgile ou à Sophocle ; il est un genre de sublime qu'il est imprudent à un écrivain de vouloir égaler et qui sera toujours un écueil pour le plus grand nombre. Télémaque est resté jusqu'à ce jour un exemple unique; bien d'autres n'y ont pas réussi, pas plus que Florian.

Ces réserves faites, il y a lieu de se féliciter que notre poëte ait traité un pareil sujet.

Il laissait lui-même du reste facilement comprendre qu'il n'était nullement mécontent de son œuvre. En adressant un exemplaire de son poëme à Boissy-d'Anglas, il dit : « Notre ami commun M. de La Harpe, a traité ce capitaine avec autant de sévérité que Gonzalve traitait nos capitaines français dans la guerre qu'il leur fit à Naples, la différence qu'il y a, c'est que Gonzalve nous ôta pour toujours ce beau royaume et que M. de La Harpe ne m'a presque point ôté de lecteurs. Ma seconde édition va paraître, et mon ouvrage s'est fort bien vendu malgré les circonstances peu favoble aux lettres qui font rechercher avec plus de soin le journal du soir et le Logographe, que des récits de guerre et d'amour » (1).

Adieu, mon cher confrère, lisez Gonzalve dans vos moments perdus, vous en serez peut-être content. Vous le serez sûrement de l'Histoire des Maures, peuple qui nous était absolument inconnu, et qui méritait au moins d'être autant célébré que certaines gens que je vois célèbres ».

Ce *Précis historique sur les Maures* qui se

(1) Lettre à Boissy-d'Anglas, Paris, 17 février 1792.

trouve au commencement du livre est un travail d'une haute valeur ; l'histoire et les mœurs des Maures y sont supérieurement décrits. C'est l'œuvre d'un savant, c'est de plus une lecture agréable, elle occupe presque tout un volume ; n'est-ce pas l'aveu, de la part de l'auteur, de l'importance qu'il y attachait lui-même?

Il divise son *Précis historique* en quatre principales époques. La première s'étend depuis les conquêtes des Arabes jusqu'à l'établissement des princes Omniades à Cordoue ; la seconde renferme les règnes des Califes d'Occident ; dans la troisième, il rapporte le peu qu'on sait des différents petits royaumes élevés sur les ruines du Califat de Cordoue ; et enfin la dernière comprend l'histoire des souverains de Grenade jusqu'à l'expulsion totale des musulmans.

Ces recherches lui coûtèrent beaucoup de peine, il avait consulté les historiens Espagnols et Arabes sans y trouver de grands secours. Ce furent les romans et les romances Castillanes qui lui aidèrent le plus à pénétrer les mœurs des Arabes Maures d'Andalousie. Nos savants orientalistes tels que d'Herbelot, Cardone, et M. Chénier le firent aussi profiter de leurs savantes recherches.

Nous le verrons plus tard tourner encore son esprit vers les études historiques avec l'intention de s'y attacher profondément mais les qualités réelles d'historien qu'il a révélées dans son Précis sur les Maures n'auront pas, malheureusement, le temps de se développer ; la persécution et une mort prématurée viendront l'arracher à ces nouveaux travaux. —

CHAPITRE XII.

Embarras financiers de Florian ; il fait abandon de tous ses biens pour payer les dettes de ses devanciers. — Mort du duc de Penthièvre.

Au sein de ses travaux littéraires et de ses succès, les tribulations de la vie privée vinrent assiéger Florian.

Son père était mort, et il l'avait vivement regretté : « Oui, Monsieur, écrivait-il à un de ses compatriotes en Languedoc, j'ai perdu le meilleur des pères, et je le pleurerai toute ma vie. Jamais coup ne fut plus affreux et plus imprévu. C'est au moment où j'étais sur le point, où j'avais la *parolle* (sic) de M. de Périgord, de lui donner un petit gouvernement, c'est dans cet instant que j'ai reçu la funeste nouvelle ; ma santé en a été altérée, et il est impossible à mon cœur de vous exprimer ce qu'il éprouve » (1).

(1) Pièces justificatives, lettre n° 15, janvier 1783.

Son père lui avait laissé ses domaines chargés de dettes, du fait surtout des dissipations de son aïeul. Il envisagea avec courage cette situation difficile, et se promit bien de faire honneur à la mémoire des siens en désintéressant tous les créanciers. Il héritait, de plus, d'un nombre assez respectable de procès sur la possession de droits seigneuriaux, où ses devanciers avaient usé leur vie (1). Mettre un terme à toutes ces querelles, vendre ses terres et le château de Florian lui-même, tout liquider en un mot, fut son unique souci (2).

Il avait été, de son côté, pendant son séjour et à l'occasion de son installation à Paris, aux prises avec des difficultés pécuniaires. Obligé de se suffire à lui-même, vivant au milieu d'hommes haut placés, la régularité de sa conduite et son esprit ordonné n'avaient pu réussir à les surmonter toujours; il avait, de plus, acheté à son oncle, le marquis de Florian, un contrat de vente, dont il ne devait jouir qu'après lui, et qui lui avait coûté 4,000 livres (3).

Il quitta Paris pour venir en Languedoc donner

(1) Pièces justificatives, lettre du père de Florian à Me Castel, avocat au parlement d'Aix, en Provence. Paris, 30 juillet 1753.

(2) Pièces justificatives, lettres nos 17, 18.

(3) Idem 22 mars 1781.

suite à ses projets de vente, et mettre ordre définitivement à ses affaires, qui le préoccupaient tristement : « Le malheur de ma vie, écrivait-il, est de devoir et de faire attendre mes créanciers » (1).

Il aurait pu, s'il eût été moins délicat, renonçant à se porter héritier, répudier la succession et leur abandonner ce qui restait. Telle ne fut pas un seul instant sa pensée. Fidèle au devoir et à la mémoire des siens, nous le verrons se dessaisir de tout ce qu'il possède et payer intégralement les dettes. Il se borna à soustraire à la vente une petite maison avec une terre dont il gratifia une vieille servante de son père, qui l'avait connu dès son enfance, et à laquelle il servait volontairement une pension.

Cette pauvre vieille femme, pénétrée de reconnaissance, voulut que ce petit bien lui revînt à sa mort ; mais Florian, quoique touché de cette marque d'attachement, n'accepta pas cette offre, et lui écrivit : « Vous me marquez votre intention de me donner votre jardin, et vous me priez d'accepter cette donation. Je vous prie de n'être point fâchée de mon refus à votre demande. Lorsque je vous ai donné ce jardin, mon intention fut non-seulement de vous donner une jouissance qui pût vous être utile et agréable, mais encore de mettre entre vos

(1) Pièces justificatives, lettre du 22 mars 1781.

mains de quoi récompenser ceux qui prendraient soin de votre vieillesse. Ne me parlez plus de cette donation, vous me feriez une peine inutile : je suis irrévocablement décidé à ce que vous gardiez et disposiez de ce jardin, pendant et après votre vie.

» Quant à votre pension, que vous voulez que je vous cesse, je vous demande encore de me laisser vous la continuer tant que je le pourrai, vous promettant que, lorsque je ne le pourrai plus, je ne l'enverrai plus » (1).

La pauvre femme était loin de penser qu'elle lui survivrait !

Les perplexités qui l'assiégeaient se retrouvent aussi dans la correspondance qu'il entretenait avec un compatriote et voisin de campagne ; quoique ayant un caractère privé, nous la plaçons à la fin de ce volume : inédite jusqu'à ce jour le lecteur y trouvera, à chaque ligne, avec la désinvolture élégante de son style, les marques de la bonté de son âme et de sa délicatesse.

L'homme s'y retrouve tel que nous l'avons connu dans les diverses périodes de sa vie : sensible et bienveillant. Parfois il y glisse un mot sur les affaires publiques : « Venons aux nouvelles : la retraite de M. Necker a affligé tous les bons ci-

(1) Lettre à Me Margotton, à Durfort. Sceaux-l'Unité, le 30 prairial, l'an II de la République une et indivisible.

toyens. Je fais, comme vous, des vœux pour la paix et pour la prospérité de notre patrie ; il est bien affreux que les hommes, non contents des *peines de la vie*, y joignent des fléaux dont eux-mêmes sont les auteurs » (1).

Il possédait, en sus du château de Florian, un domaine du nom de *Coutelle*, près Durfort et Pressac, il cherche d'abord à s'en défaire : « Depuis mon départ de Languedoc, écrit-il, les acquéreurs ne se sont pas présentés en foule ; vous qui connaissez le désir que j'ai de libérer entièrement les dettes de mon père et celles que j'ai particulièrement avec vous, vous devez être bien sûr que je ne laisserai pas échapper l'occasion de vendre. J'ose espérer qu'avant la fin du mois, je trouverai un acquéreur » (2). Il le trouve en effet, mais à un prix qui est loin de le satisfaire : « Je viens d'en finir avec M. Campel ; je lui ai vendu *Coutelle* pour un morceau de pain : le contrat est signé » (3).

Le château de Florian lui-même, dont son père, lassé un moment de la situation difficile dans laquelle il se débattait, avait essayé de se dessaisir (4), fut enfin vendu par lui bientôt après ; de

(1) Pièces justificatives, lettre n° 4.
(2) Idem n° 4.
(3) Idem n° 18.
(4) Idem lettre du 20 septembre 1779.

tous ses biens, il ne lui restait plus rien : la ruine était complète.

Il ne s'y méprit pas ; il n'avait plus qu'à quitter ce pays qu'il aimait, où son cœur avait battu pour la première fois; où, en sentant les beautés de la nature, il avait puisé ses meilleures inspirations d'écrivain. Il comprenait aisément que, dégagé de tout lien avec lui, c'était plus qu'un détachement momentané qui s'opérait. Cependant, l'amour de ces lieux vivait toujours en lui avec le souvenir de ceux qu'il y avait connus et il caressait l'espoir d'y revenir un jour. Un moment il faillit donner suite à ce projet : « Je suis à la veille, dit-il, d'acquérir, dans la commune de Durfort, où l'on a tant d'amitié pour moi, une petite maison avec un joli jardin ; j'attends, pour savoir si je le pourrai, que l'arrangement des rentes viagères soit terminé et de savoir ce qui me restera de ma petite fortune. Alors j'espère me retirer avec Nanette et Mercier, qui ne me quitteront point ; avec mes livres et mes plumes ; et je serai fort heureux avec fort peu, parce que ce n'est pas le beaucoup qui fait le bonhenr, c'est la paix de la conscience et l'estime de ses concitoyens » (1).

Les tristes réalités de la liquidation définitive ne le lui permirent pas. Il partit, le cœur attristé ;

(1) Lettre à Marguerite Cuni, chez M. Brun, à Durfort.

mais l'amertume de ce déchirement, profond pour une âme sensible comme la sienne, fut adouci par la conscience du devoir sévère qu'il venait d'accomplir.

Sans fortune, mais fidèle à l'honneur et à la piété filiale, il revint à Paris, content de lui-même, quittant ces lieux qu'il ne devait plus revoir.

Une nouvelle douleur devait bientôt l'éprouver : le duc de Penthièvre était mort à l'âge de soixante-huit ans. Le bienfaiteur de Florian avait passé les dernières années de sa vie plongé dans une piété austère, et pratiquant toutes les vertus.

On sait qu'il avait fait, avec son protégé, plusieurs voyages à la Trappe (1). Celui-ci l'avait suivi. Touché de la complaisance de son maître pour ses goûts, il aimait à se conformer aux siens. Le duc allait y méditer avec les cénobites, et se retremper dans le recueillement et la retraite.

Florian était obligé d'assister à la prière commune, parfois d'une longueur insupportable pour lui : les religieux ne se levaient qu'au moment où leur supérieur frappait sur sa stalle.

Un jour (il était page à cette époque), Florian perdit patience et frappa sur sa stalle. Les religieux, trompés, se levèrent. L'un d'eux, s'aperce-

(1) Pièces justificatives, 26 septembre 1782.

vant de la méprise et s'étant laissé aller à quelque impatience contre l'étourdi, se ravisa promptement et vint en demander pardon à Florian, plein de confusion.

La résignation chrétienne que le duc puisait dans les pratiques pieuses, lui permit de supporter avec fermeté les cruelles épreuves qui assombrirent ses derniers jours. Respecté et populaire, il n'eut pas à souffrir lui-même des excès de la révolution ; mais il eut la douleur, avant la fin de sa vie, de voir mourir son fils, le prince de Lamballe, et essaya vainement d'arracher à la mort sa belle-fille, égorgée par les septembriseurs lors des massacres des prisons en 1792 (1).

Florian le pleura sincèrement ; il avait été comblé par lui de bienfaits. C'est le duc de Penthièvre qui lui avait aplani les débuts de la vie ; quel que fût son mérite littéraire, cette recommandation lui

(1) Le vieux duc de Penthièvre, inquiet des accusations calomnieuses qui pesaient sur la princesse de Lamballe, sa belle-fille, la fit partir, une première fois, pour Londres. Après le vote de la constitution, elle revint s'établir aux Tuileries, auprès de la Reine. Elle partagea sa captivité. Bientôt séparée d'elle violemment, elle fut enfermée à la Force. Lorsque la commune prépara le massacre des prisons, le duc fit tout au monde pour la sauver : il envoya un agent secret à P. Manuel, procureur de la Commune. On dit que la rançon de la malheureuse princesse s'éleva à 400,000 livres. Manuel promit de la sauver : peut-être n'en eut-il pas le pouvoir !

avait été fort utile lors de sa réception à l'Académie française : sensible et reconnaissant comme nous le connaissons, il devait le regretter.

Cette douleur ne fut pas étrangère à son projet de se retirer à Sceaux, avec le désir de s'y consacrer exclusivement à ses travaux : « Voué à l'étude et aux lettres, écrit-il à un de ses amis, depuis ma première jeunesse ; ayant de bonne heure quitté pour elles et le service et toute ambition, je me suis toujours proposé de me retirer à la campagne, d'y vivre en solitaire, dans un état de médiocrité qui ne pût me rendre plus envié que je ne serais envieux. Les grands changements arrivés, les circonstances où nous sommes, rendent plus vif ce repos des champs » (1).

Il se logea à Sceaux, dans l'orangerie du château, dans ces lieux où tout lui rappelait le bienfaiteur qu'il avait perdu, et s'y voua au travail, quand il ne donnait pas son temps à l'amitié ou à des œuvres de bienfaisance ; car il est juste de mentionner que, malgré la modicité de ses ressources, puisqu'il n'avait que les émoluments attachés à sa place et les produits de ses ouvrages, son cœur charitable faisait la part des pauvres et en réservait une partie, qu'il allait remettre pieusement lui-

(1) Lettre à M. D***, notaire. Sceaux-l'Unité, près Paris, ce 30 prairial, l'an de II de la République une et indivisible.

même au curé de Saint-Eustache. Il faut dire, à ce sujet, que les ouvrages de Florian trouvaient de nombreux acheteurs, comme si la Providence eût voulu le récompenser de l'emploi bienfaisant qu'il faisait de leur produit.

CHAPITRE XIII.

Don Quichotte. — Eliézer et Nephthali.

C'est à Sceaux qu'il traduisit *Don Quichotte* et qu'il écrivit *Eliézer et Nephthali*, poème hébreu.

Ces deux ouvrages ouvrent la série de ses œuvres posthumes; ce n'est que plusieurs années après sa mort qu'ils furent publiés.

On ne pouvait taxer Florian de paresse ; ses productions se succédaient rapidement. Il avait donné les *Nouvelles* et *Gonzalve* en 1791 ; *les Fables*, en 1792 ; fini et mis au net le plan de son *Cours d'histoire pour l'éducation nationale ;* son poème d'*Eliézer* était achevé, et il avait le projet de publier prochainement *Don Quichotte.* Si la paix et la solitude lui étaient chères, il savait les mettre à profit : « Je persiste, disait-il en poésie, en philosophie, en amitié, à ne point quitter la campagne. On ne travaille bien que là ; partout ailleurs on dépense : les résultats sont différents » (1).

(1) Lettre à Boissy-d'Anglas, 22 prairial an II.

Don Quichotte lui coûta deux années de travail assidu; peut-être même y a-t-il mis trop de soins. A force de retoucher son œuvre, il en vient à altérer l'originalité de ses héros, et à les accommoder au goût de son époque.

Il existait, avant lui, une traduction de *Don Quichotte*, et, malgré son imperfection, elle avait suffi à faire admirer le poème de *Cervantes.*

La douce folie du héros de la Manche, ses harangues, en tant qu'il ne parle pas de chevalerie, pleines de sagesse, de vertu et de bonté, avaient fait aimer ce livre célèbre, traduit dans toutes les langues de l'Europe avec un succès égal.

« De tous les livres que j'ai lus, écrivait Saint-Evremond au maréchal de Créqui, *Don Quichotte* est celui que j'aimerais le mieux avoir fait ». Il y a, en effet, dans ce poème plein de morale et de gaîté, un naturel, une originalité saisissante ; les caractères sont nombreux, différents, presque toujours aimables et toujours attendrissants. L'admiration pour l'auteur grandit quand on se rappelle que l'œuvre a vu le jour au seizième siècle, à une époque où les plus vulgaires romans de chevalerie étaient à peu près seuls en faveur ; et l'étonnement s'y joint quand on se souvient qu'il a écrit son livre en prison, privé aussi bien de la vue des beautés de la nature que de la tranquillité de l'âme, loin de tout ce qui peut éveiller et charmer l'imagination du poëte.

La vie de Cervantes, on le sait, fut pleine d'événements tragiques. Né gentilhomme, dans la nouvelle Castille, en 1547, après de bonnes études, il se fit soldat et se battit bravement à Lépante, où il reçut un coup d'arquebuse qui lui emporta la main gauche. C'est en rentrant dans sa patrie que le vaisseau qu'il montait fut pris par les corsaires et amené à Alger. Il y subit les horreurs de l'esclavage, où le tenait un maître cruel à qui il sut en imposer par son courage. Dans une de ses *Nouvelles*, il nous dit, en effet, que « le roi d'Alger ne fut clément que pour un soldat espagnol nommé *Saavedra*, qui s'exposa souvent aux plus cruels supplices, et forma des entreprises qui, de longtemps, ne seront oubliées des infidèles ». Il fut racheté en 1780, après cinq ans d'esclavage.

C'est longtemps après son retour en Espagne qu'obligé de faire un voyage dans la Manche, il se prit de querelle avec les habitants d'un petit village, où il fut mis en prison. C'est là qu'il commença *Don Quichotte* : il voulut se venger en donnant pour patrie à son héros le pays où il avait été fait prisonnier.

La première partie de *Don Quichotte* fut d'abord publiée séparément, et peu appréciée. A son apparition, elle subit les attaques de l'envie et de la médiocrité. Il se vengea de ses détracteurs en lançant contre eux un vif pamphlet ; mais il n'en avait pas moins souffert des calomnies de toute sorte dont on l'avait abreuvé.

Ce ne fut que dix ans après que *Cervantes*, pour confondre un misérable plagiaire qui avait osé ajouter une suite à la première partie de son œuvre, en publia la seconde, supérieure encore à la première.

Atteint par la maladie, il se vouait à un travail opiniâtre, craignant que le temps vînt à lui échapper ; il hâta ainsi sa fin, mais il vit du moins son œuvre terminée. Il mourut à l'âge de soixante-huit ans (1).

Si remarquable à tant de titres, ce poème aurait dû rendre circonspects les traducteurs. Serrer d'aussi près que possible le modèle, sauf à laisser dans l'ombre certaines plaisanteries peu agréables, tel est le sentiment qui aurait dû servir de guide aux écrivains désireux de populariser l'œuvre de l'auteur espagnol.

Si les traducteurs antérieurs à Florian n'obéirent pas toujours à cette donnée, notre poëte eut aussi la faiblesse de vouloir s'en affranchir. Possédé par

(1) Florian a fait le plan d'un opéra intitulé : *Cervantes*. Le premièr acte seul nous est parvenu.

la prétention de polir les aspérités du modèle, *il* l'a considérablement affaibli. Nous comprendrions qu'il se fût dispensé de reproduire certaines répétitions inutiles, erreurs de temps ou d'époques, ou trivialités échappées au goût douteux du siècle; mais il a l'imprudence d'aller bien plus loin : il veut avant tout satisfaire les faiblesses de son temps. Tantôt il adoucit certaines images, modifie des vers en entier, supprime des ornements que, d'autorité, il juge inutiles. Souvent on ne trouve plus dans le héros de la Manche le ridicule qui en fait un des principaux mérites, et Sancho perd quelque peu de cette naïveté grossière qui le caractérise.

C'est en vain que Florian cherche lui-même à se justifier : « Les personnes tolérantes, dit-il, qui n'exigent pas que tout traducteur se dépouille de son bon sens et de son goût, peuvent s'en rapporter à mon amour pour *Cervantes* de l'extrême attention que j'ai mise à ne retrancher de son ouvrage que ce qui n'aurait pas semblé digne de lui dans le mien.

Puisse mon zèle me faire pardonner, par ceux qui savent l'espagnol, la hardiesse d'avoir abrégé un livre que j'admire autant qu'eux, que je trouve comme eux un chef-d'œuvre d'esprit, de finesse, de grâce ! Mais la grâce des mots, dans un idiome, n'a pas toujours son équivalent dans un autre; et l'on doit alors, ce me semble, supprimer ce qui serait longueur sans cette grâce des mots » (1).

Cet aveu suffira difficilement à l'absoudre des libertés qu'il s'est permises. On se rend compte aisément du péril d'une pareille théorie littéraire, et il y a lieu de penser que, s'il avait vécu, il en aurait compris l'imprudence, peut-être même, par respect pour son modèle, aurait-il rendu à sa traduction le cachet particulier, le ton et le piquant de l'original.

Son poème hébreu, *Eliézer et Nephthali*, a pour sujet l'héroïsme de l'amour fraternel chez deux frères jumeaux, fils du juif *Sadoc*. Le sujet se passe au temps des Juges. Cet ouvrage porte l'empreinte des livres saints; il est rempli par l'expression de sentiments touchants, exprimés simplement, mais avec noblesse.

Un plaidoyer chaleureux en faveur des Israélites ouvre le livre sous la forme de préface. Florian raconte que ce poème lui a été communiqué par un jeune couple juif, qu'il rencontra dans une excursion à la fontaine de Vaucluse. Une causerie s'engage entre lui et la jeune femme; elle plaide avec chaleur et éloquence la cause de ses coreligionnaires.

(1) Avertissement du traducteur.

La belle juive rappelle les passages sublimes des lois de Moïse ; ses grands yeux noirs s'allument bientôt au récit des persécutions dont sont victimes les malheureux Hébreux : « L'imagination la plus vive ne peut, dit-elle, se figurer les maux que notre peuple a soufferts. Adrien, principalement, Adrien, dont le nom n'est pas sans gloire, poussa contre nous la recherche de la barbarie à un point qui ferait frémir les sauvages les plus féroces. Ses successeurs nous persécutèreut comme chrétiens ; et quand Rome fut chrétienne, ses empereurs nous persécutèrent comme juifs. Les rois barbares qui s'élevèrent sur les débris de l'empire se firent un point de religion de répandre notre sang.

Partout où vos Croisés passèrent, ils nous prirent pour leurs victimes, nous dépouillèrent, nous égorgèrent. Vos pastoureaux, vos flagellants, toutes vos espèces de fous fanatiques, ont regardé, pendant quinze siècles, comme une action méritoire, le plaisir de tuer les Juifs. Vos Rois, vos Papes, vos magistrats, sous le prétexte absurde que nous faisions des maléfices, que nous empoisonnions les eaux, que nous crucifiions les enfants, que nous percions des hosties, nous livraient aux bourreaux, confisquaient nos biens, nous bannissaient de leurs Etats, nous rappelaient moyennant de fortes sommes, qu'ils n'avaient pas plus tôt reçues qu'ils nous chassaient de nouveau pour nous dépouiller encore. Perpétuels jouets, éternelles victimes des souverains, des peuples, des prêtres de tous les pays, rien pourtant n'a pu nous faire quitter notre religion, nos mœurs, notre nom, unique prétexte de tant de barbaries. Cette constance pendant plus de deux mille ans de malheurs est peut-être digne de quelque estime : et si un petit nombre de misérables hébreux se déshonore par l'usure, par la bassesse, par une infâme avidité, l'homme sage doit réfléchir qu'un moyen sûr de rendre méprisable, c'est de toujours mépriser, que nos vices sont l'ouvrage de ce mépris continuel, et qu'il est encore surprenant qu'au milieu des outrages dont on nous abreuve, la plus grande partie de notre nation ait conservé quelque vertu. »

Reçu avec affabilité dans la maison de cette famille Juive, Florian y trouve avec le tableau de toutes les vertus, la pratique sévère des lois Mosaïques. Il écoute avec intérêt le récit de leur passé, de leurs mœurs, de leurs préceptes religieux. C'est en les quittant qu'il reçoit des mains du chef de cette famille un poëme Hébreux qui s'appellera *Eliézer et Nephthali*. Telle est la fable qui sert de texte à la préface très intéressante de cet ouvrage.

CHAPITRE XIV.

Florian est nommé commandant de la Garde Nationale de Sceaux. — Son Arrestation par ordre du comité de salut public.

Depuis la mort du duc de Penthièvre, Florian vivait retiré à Sceaux donnant tout son temps aux lettres. Distributeur, jadis dans ces lieux, des bienfaits du duc, il y avait acquis une véritable popularité. C'est le souvenir de ces bonnes œuvres qui sera la cause de sa perte.

Nous sommes en 1791, la création des Gardes Nationales a été décrétée en France. Florian est nommé commandant de la Garde Nationale de Sceaux. Sa qualité d'ancien militaire et surtout la reconnaissance publique le désignèrent au choix de ses concitoyens. Il accepta non sans regret cet honneur et se consacra avec zèle pendant deux ans à ses nouvelles fonctions.

Mais les temps s'assombrissaient ; aux premiers enthousiasmes de la révolution succédaient le bouillonnement des passions, la méfiance, les soupçons et les haines, et une effervescence extrême présageait un avenir sombre et menaçant.

Florian s'était tenu avec soin à l'écart de tout rôle politique. Eloigné par ses goûts des agitations de la vie politique, il s'appliquait à les éviter ; et cependant, s'il l'eût voulu, son savoir, la facilité et la chaleur communicative de sa parole lui auraient conquis une place honorable dans l'arène publique, et ses relations nombreuses lui en auraient facilité l'accès.

Ami de Ducis, de Montgolfier, de Bailly, de Malesherbes, de Rabaut-Saint-Etienne, comme eux il se montra partisan des justes aspirations populaires ; il approuva le doublement du Tiers état, sa réunion à la noblesse, et son cœur battit au 4 août, comme avait battu d'espérance celui de la nation.

C'était le temps où le duc d'Orléans recevait, au Palais-Royal, tous les esprits distingués qu'agitaient les idées de réforme gouvernementale : « La philosophie du siècle s'y rencontrait avec la politique et la littérature. C'était le palais de l'opinion. Buffon y venait assidûment passer les dernières soirées de sa vie ; Rousseau y recevait de loin le seul culte que sa fière susceptibilité permît à des princes ; Franklin et les républicains d'Amérique ; Gibbon et les orateurs de l'opposition anglaise ; Grimm et les philosophes allemands ; Diderot, Sieyès, Sillery, Laclos, Sicard, Raynal, La Harpe, et tous les penseurs et les écrivains qui pressentaient le nouvel esprit, s'y rencontraient avec les artistes et les savants célèbres. Voltaire lui-même, proscrit de Versailles, par le respect humain d'une cour qui adorait son génie, y vint à son dernier voyage » (1).

Florian était assidu aux réunions de ce cénacle d'hommes illustres. On appréciait sa causerie pleine de verve, ses idées libérales s'y donnaient un libre cours ; et beaucoup, parmi ceux qui aimaient à l'entendre, l'engageaient à se faire une place parmi les nombreux architectes de l'œuvre sociale nouvelle.

Mais ses goûts le poussaient invinciblement vers l'étude et la retraite. C'était trop déjà que ce grade de commandant, qui fut le commencement de tous ses maux.

Avec le déchaînement des passions, il observait déjà, parmi ceux qui servaient sous ses ordres, les progrès d'une désaffection imméritée, et son cœur en souffrait. Bientôt il leur devient suspect, et il écrit à Boissy-d'Anglas cette lettre attristée :

Sceaux, ce 26 juin 1791.

« Mon cher et illustre compatriote,

» J'ai un besoin pressant de votre justice et de votre amitié. Depuis deux ans je commande la garde nationale de Sceaux, et j'ose dire que je l'ai fait de manière à m'attirer l'estime et la reconnaissance de tous nos soldats-citoyens. Malheureusement je

(1) Lamartine, *Histoire des Girondins*, t. I, p. 358.

me trouvais à Paris le jour de la fuite du Roi ; les portes furent fermées, je ne pus me rendre ici. Le bon ordre qui a régné à Paris, le désir de savoir des nouvelles, et les peines qu'il fallait prendre pour avoir un passe-port, me firent retarder trois jours ; je ne vins ici que vendredi, jour de la Saint-Jean. Cette absence, ma qualité de militaire et d'attaché à un ci-devant prince, les soupçons qu'inspire naturellement l'état où nous sommes, les circonstances du moment, tout enfin, réuni contre moi dans ces tristes circonstances, a fait naître de la fermentation et de la défiance dans une petite partie de ma troupe. Vous devez juger qu'avec ma sensibilité, cette position fait le malheur de ma vie, puisque je vois mon honneur et mon repos au moins compromis. Dans les temps où nous sommes, personne ne peut savoir où cela peut s'arrêter.

» Vous connaissez dès long-temps mes principes, peut-être y a-t il quelque mérite à les avoir dit tout haut dès la révolution ; et depuis la révotion, ils n'ont jamais varié. Je vous réponds de la pureté de mon cœur ; je vous en jure par mon honneur et par le vôtre. D'après cela, je demande à vous, mon cher compatriote, à vous qui me connaissez et m'estimez, j'ose le croire, depuis long-temps ; à vous, représentant du département où je suis né, je vous demande de vouloir bien écrire et signer ce que vous pensez, ce que vous jugez de moi. Je ne veux pas sortir d'ici, je ne veux prendre aucune résolution que ma justification ne soit établie. Je me charge de l'établir; mais comme votre nom justement célèbre doit être d'un poids immense, opposé à ceux des calomniateurs ou des soupçonneux imbéciles, je vous demande ce nom que j'ai toujours aimé, sans croire qu'il pût m'être utile dans pareille circonstance. Si vous jugez à propos de faire signer par d'autres ce que je demande, M. du Séjour, M. Bailly, M. de Saint-Etienne, ne refuseraient pas. Mais là dessus je m'en rapporte à ce que votre prudence, votre amitié, verront de mieux à faire.

» Pardon, mille fois pardon de vous importuner dans de pareils instants. Mais je pense que votre cœur est de ceux qui croient que dans tous les temps, un honnête homme, un compatriote, un ami, mérite l'attention d'un honnête homme et d'un ami. Je n'en dirai pas plus. J'ai l'âme brisée, en vérité; après tout ce que j'ai fait! après tous les intérêts sacrifiés! je m'attendais peu à ce prix. Faut-il donc, dans la nature entière, ne compter que sur vous seul? Je vous embrasse, et j'attends de vous les biens les plus chers, ma justification et mon repos. Si votre écrit ne suffisait pas, j'aurais encore recours à vous, que je révère autant que j'aime ».

Tel était l'état perplexe de Florian ; uniquement préoccupé de se défendre des atteintes des agitations politiques, il en devenait la victime.

Sa qualité de noble, son ancienne position auprès du duc de Penthièvre, son dévouement aux principes de la révolution le faisaient regarder par les uns comme un aristocrate, et par les autres comme un révolutionnaire.

Il s'efforçait de s'isoler et de se soustraire, du mieux qu'il pouvait, à ces milieux troublés : « Je passe ma vie, dit-il, au coin de mon feu, lisant Voltaire, regrettant *Gauvain* (1), faisant des fables, et fuyant des sociétés qui sont devenues des arènes affreuses, où tout le monde hait la raison, où les vertus ne sont même plus louées, où l'humanité, la première des vertus, et la modération, la première des qualités, sont méprisées par tous les partis » (2).

Il était écrit que la retraite et l'étude ne pourraient le soustraire à la persécution.

On venait de promulguer le décret du 16 avril 1794, qui exilait à dix lieues de Paris les ci-devant nobles. Florian se voyait, à regret, obligé de quitter

(1) Poëme de chevalerie auquel travaillait Boissy-d'Anglas avant la révolution, et qu'il n'a jamais fini : il en avait lu plusieurs chants à Florian.

(2) Lettre à Boissy-d'Anglas. Paris, 17 février 1792.

Sceaux qu'il aimait, et où il était véritablement aimé; il eut l'idée d'user de l'influence de ses amis pour éviter les atteintes de cette loi injuste, et Boissy-d'Anglas, entrant dans ses vues; et désireux d'obtenir une exception en sa faveur, lui conseilla de travailler à une œuvre utile à la nation.

Il avait parmi ses projets littéraires élaboré un plan d'Histoire ancienne abrégée, destinée à l'Enseignement de la jeunesse; il le mit au net et le lui envoya, en lui disant ; « il est bon que vous l'ayez, soit pour le lire, si on vous le demande, soit pour y jeter les yeux de la réflexion et l'améliorer par vos conseils.

Si on m'accorde ce que je demande, je me mets sur-le champ au travail ; si on ne me l'accorde pas, je me borne à rester au point où j'en suis (1)».

Muni de ce manuscrit, Boissy-d'Anglas se présenta devant le Comité d'instruction publique, dont plusieurs membres lui étaient connus et usa et de son crédit et de l'influence de sa parole pour obtenir qu'il fût mis en réquisition; c'est-à-dire qu'il fût autorisé à rester à Paris pour se livrer à des travaux utiles (2): « Je lus même, dit-il,

(1) Lettre à Boissy-d'Anglas, 22 prairial, an II.

(2(Florian était noble; et, comme tel, soumis au décret qui exilait les ci-devant nobles à dix lieues de Paris. Pour qu'il pût rester à Sceaux, il fallait que le comité de salut public le

pour appuyer ma demande, quelques morceaux de l'ouvrage historique dont il était l'auteur, en choisissant de préférence ceux qui pouvaient avoir pour objet les républiques de la Grèce.

On m'avait écouté avec intérêt, et je me croyais sur le point de réussir, lorsqu'un membre du Comité, nommé *Bouquier* (1), en qui je n'eusse pas soupçonné cet excès de mémoire, se mit à réciter l'épître dédicatoire de *Numa*, adressée plus de dix ans auparavant à la Reine, et en conclut qu'on ne pouvait rien attendre de bon ni d'utile de celui qui en était l'auteur.

Le député *Duhem* (2), qui était membre du Comité, appuya fortement ce que venait de dire *Bouquier*, et s'éleva beaucoup contre le caractère et les opinions des gens de lettres. *Ils sont tous*

mît en réquisition. C'est cette faveur que sollicita Florian, et qui fut la cause de sa perte.

(1) *Bouquier*, personnage à peu près inconnu, son nom ne se retrouve plus dans l'Histoire de la Révolution, ce n'était vraisemblablement qu'un comparse des principaux acteurs de cette époque.

(2) *Duhem*, fougueux conventionnel, fut témoin contre les Girondins. Dans la séance du 11 nivose (1 janvier), il dénonça *la Cabarrus* et fournit ainsi à Tallien, accouru à la tribune pour la défendre le motif d'une éloquente apostrophe. Il prit une part active à l'insurrection du 12 germinal (1 avril) avec Amar, Ruamps, Choudieu, Léonard Bourdon et fut enfermé dans les cachots de Ham.

aristocrates et contre révolutionnaires, dit-il, *et on ne pourra jamais rien en faire de bon. Ce Voltaire, dont on parle tant, il était royaliste et aristocrate, et il aurait émigré un des premiers s'il avait vécu ; et Rousseau? il n'y a qu'à lire ses écrits pour voir qu'il aurait été fédéraliste et modéré : ton Florian ne vaut pas mieux, malgré ses histoires et ses phrases.* »

Ma demande fut donc rejetée, elle le fut tout d'une voix : il ne me resta que le regret de l'avoir faite, et la crainte qu'elle ne fût nuisible à celui qui en était le sujet ». (1)

L'événement ne justifia que trop ses appréhensions ; le 15 juillet, en vertu d'un ordre d'arrestation émané du Comité de sûreté générale, Florian fut incarcéré, à Paris, dans la prison de la Bourbe dite Port-libre (2).

Pauvre poëte ! quelle crainte inspirait le chantre d'Estelle et de Némorin ? Quel motif sérieux pouvait invoquer le gouvernement à l'appui d'un acte d'une cruauté aussi inutile et dont les suites furent si funestes à Florian ?

Il était plongé dans un cachot depuis vingt jours,

(1) Boissy-d'Anglas : *Etudes poëtiques et littéraires d'un vieillard,* page 241.

(2) La prison de la Bourbe dite *Port-libre* où fut enfermé Florian était située rue d'Enfer.

au milieu de nombreuses et illustres victimes que l'appel du guichetier venait journellement éclaircir.

Avec sa nature délicate, il en fut d'abord atterré. Revenu de son premier abattement, il pensa que sa voix convaincue éclairerait ses persécuteurs et se berça de l'illusion qu'un terme prochain serait mis à une pareille iniquité.

Il se décida à faire appel une seconde fois au dévouement à toute épreuve de Boissy-d'Anglas et lui annonça son arrestation en ces termes, le priant d'intercéder pour lui :

27 messidor an II.

« Mon cher confrère en Apollon, vous êtes instruit peut-être que je vais dans une maison d'arrêt, par l'ordre du comité de salut public. J'ai beau fouiller et scruter jusques au fond de mon cœur. je ne crains pas de vous dire, car le malheur ne peut être soupçonné d'orgueil, que ce cœur est pur comme le vôtre. Peut être ai-je mal pris mon moment pour faire la demande de réquisition que votre zèle a sollicitée. Cette idée est superflue, avec une âme amicale comme la vôtre, pour vous engager à faire ce qui sera en votre pouvoir pour abréger ma captivité. Je vous le dis du profond de mon âme : si j'ai péché, c'est par ignorance. S'il est possible de faire abréger un châtiment plus grand pour les malheureux poëtes que pour les autres, le comité exercera un acte de justice et de bienfaisance. Ces deux mots sont les plus beaux de toutes les langues : et quand je songe à vous, je trouve que le plus doux est celui d'amitié. »

Nous avons dit plus haut que Florian comptait au nombre de ses amis Ducis le tragique. L'imitateur de Shakespeare, réputé pour l'indépendance et l'honorabilité de son caractère avait de nombreux amis et il s'associa à Boissy-d'Anglas dans le but d'obtenir l'élargissement de Florian. Il avait pour lui une vive amitié ; ce fut donc avec ardeur que tous les deux sollicitèrent pour lui, mais tout fut inutile ; la France était courbée sous le régime de la Terreur.

Les gouvernants lui parlèrent encore de la dédicace de *Numa* et en vinrent même à leur intimer l'ordre de ne plus parler de Florian : « Faites-le oublier, leur dit-on, dans son intérêt et aussi dans le vôtre ».

Florian avait appris l'insuccès de ses amis. Il ne se découragea pas encore et résolut de faire un dernier appel à un député que tout particulièrement il connaissait. Il lui écrivit cette lettre si touchante qui nous le montre accablé sous le poids de sa douleur et où se reflète l'âme si douce de notre poète :

« Citoyen représentant, tu chéris, tu cultives les lettres, mais tu chéris davantage la patrie et la liberté (1); mais tu exiges que les arts, dont tu fus l'ami dès l'enfance, soient utiles à la cause du peuple pour laquelle tu voudrais mourir : c'est à ce seul titre que je t'écris.

» Méditant depuis longtemps de refaire l'histoire ancienne pour l'éducation nationale, j'en ai instruit, par un mémoire, le comité de salut public. J'ai pris soin de parler de moi dans un moment où l'homme timide, qui aurait eu le moindre reproche à se faire, ne se serait occupé que de se faire oublier. Tranquille sur cette démarche, je travaillais dans la solitude, et j'avais achevé déjà plusieurs morceaux sur l'Egypte, quand tout à coup un ordre du comité de salut public m'a fait mettre en arrestation dans la maison de Port-Libre : j'y suis depuis vingt-deux jours, sans compter les longues nuits qui ne diffèrent des jours que par le manque de lumière, sans livres, presque sans papier, au milieu de six cents personnes, appelant en vain pour me secourir l'imagination que j'avais autrefois, et ne trouvant à sa place que la douleur et l'abattement.

» J'ai pourtant voulu travailler. J'ai conçu le

(1) Le tutoiement était obligatoire pendant le régime révolutionnaire.

plan d'un ouvrage (1) que je crois utile à la morale publique. J'ai chanté dans ma prison le héros de la liberté. Je t'envoie mon premier livre : je te demande de le juger.

» Si tu ne penses pas que le poëme puisse fortifier dans l'âme des jeunes Français et l'amour de la République et le respect des mœurs simples, ne me réponds point..... Laisse-moi mourir ici : l'altération de ma santé m'en fait concevoir l'espérance.

» Si ton civisme et ton goût, dépouillés de tout intérêt pour moi, te persuadent qu'il est bon que mon ouvrage soit fini, parles-en à tes collègues, membres du comité du salut public, et dis-leur :

» De quoi peut être coupable l'homme qui pensa être mis à la Bastille pour les premiers vers qu'il fit dans le *Serf du Mont-Jura* ; écrivait avant la Révolution le onzième livre de *Numa*, et qui, depuis la Révolution, libre, orphelin, sans autre fortune que son talent, qu'il pouvait porter partout, n'a pas quitté un moment sa patrie, a commandé trois ans une garde nationale, a donné plusieurs ouvrages ; et, dans son recueil de fables, a imprimé celle des *Singes et du Léopard* ?

» Un fabuliste, un berger, le chantre de Galatée et d'Estelle peut-il commettre des crimes ?

(1) Le poëme de *Guillaume Tell*, divisé en quatre livres.

peut-il seulement en concevoir? La lyre de Phèdre, le chalumeau de Gessner, trop sourds, trop faibles sans doute au milieu des trompettes guerrières, peuvent-ils jamais nuire ou déplaire à ceux qui veulent établir la liberté sur la base de la morale ? La fauvette qui chantait auprès des marais de Lerne, lorsque Hercule combattait l'hydre, n'excita point la colère du héros libérateur. Peut-être même, après la victoire, l'écouta-t-il avec bienveillance.

» C'est à ce peu de mots que je réduis, que je réduirai ma défense. Si l'on me croit coupable, qu'on me juge ; mais si je suis innocent, que l'on me rende à la liberté, que l'on me rende à mes ouvrages, à mes ouvriers d'imprimerie que j'ai fait vivre depuis quinze ans, et que ma détention empêche de poursuivre une très grande entreprise ; que l'on me rende à ma vie pure, et au désir d'être utile encore à mon pays » (1).

Ces paroles émues ne furent pas entendues ; il y avait en ce moment une recrudescence terrible

(1) « Je sais que bien des personnes blâmeront *Florian* de n'avoir pas montré plus de fermeté, de s'être en quelque sorte laissé accabler sous le poids de l'injustice, d'avoir flatté ses persécuteurs : mais d'abord, si la faiblesse du caractère est un défaut, elle n'est pas toujours un crime, elle naît d'une extrême sensibilité, et n'en mérite que plus d'indulgence. » (JAUFFRET, *Vie de Florian*)

dans les procédés sanguinaires qui duraient depuis quinze mois.

Confondu au milieu de six cents prisonniers, de ces victimes que la voix du geôlier appelait journellement à la mort; il attendait en frémissant que son nom retentît dans la prison. A ces moments d'attente cruelle succédaient des nuits d'agitation et de désespoir.

Il avait appris avec horreur la mort de Roucher et d'André Chénier.

L'auteur de la « Jeune captive » (1), arrêté le

(1) C'est la duchesse de Fleury et non Mlle de Coigny, comme on la dit, qui avait inspiré à André Chénier la pièce de vers à jamais célèbre « *la Jeune captive* ».

Les poésies d'André Chénier, publiées par H. de Latouche en 1819, ne sont qu'une faible partie des œuvres de ce malheureux poète; il nous manque toutes les pièces adressées à ses amis, et de ce nombre est l'épître ou l'élégie adressée à Alfieri.

En dehors des pièces inédites que possède encore aujourd'hui M. Gabriel de Chénier; il avait laissé de nombreux manuscrits restés depuis 1819 entre les mains de H. de Latouche, retiré à sa campagne d'Aulnay, dans la vallée aux loups. A la mort de celui-ci, en 1851, ils passèrent entre les mains de Mme Pauline de Flauguergues, qui l'avait entouré de soins filiaux et qui fut son héritière.

Pendant la guerre de 1870, la maison de campagne d'Aulnay fut dévastée par les Allemands et 5,000 volumes détruits. Douze à quinze manuscrits d'André Chénier se trouvaient dans

18 ventôse an XI, avait été jeté à la prison dite *Maison Lazare* (1). Il n'en frémit pas ; les idées sombres étaient familières à son génie poétique, et il serait facile de trouver dans ses œuvres des passages nombreux où sa pensée s'est complue à caresser l'espoir de la mort, *de nos maux remède si doux.*

Boissy-d'Anglas avait connu Chénier et il semble qu'il ait lu dans cette âme tourmentée. « Il était naturellement mélancolique, dit-il, et accablé sous le poids d'une sensibilité dominatrice, il n'était pas

cette bibliothèque, placés entre les feuilles du volume de l'édition de 1819.

Doit-on les considérer comme perdus ? Peut-être ont-ils été seulement enlevés pour passer en Allemagne et y a-t-il quelque espoir de les revoir ?

(1) La prison *Lazare* était située rue de Sèvres. C'est quand la loi des suspects eut encombré la Mairie, la Force, l'Abbaye, les Madelonnettes, Sainte-Pélagie, la Conciergerie, que s'ouvrirent les deux nouvelles prisons : Lazare et Port-libre. Les frais et la location furent mis dans toutes, à la charge des détenus. Privés d'abord des choses les plus nécessaires, ils obtinrent, avec le temps, certains adoucissements ; l'uniformité des goûts rapprocha plusieurs de ces malheureux : « des liaisons d'amitié et d'amour s'établirent, et l'on vit se reproduire jusqu'à la veille de l'échafaud, toutes les scènes ordinaires de la société. Singulier exemple du caractère français, de son insouciance, de sa gaîté, de son aptitude au plaisir dans toutes les situations de la vie ». (Thiers, Histoire de la Révolution Française, tome 5, page 377).

né pour être heureux, et la terrible catastrophe qui termina sa carrière, avant même qu'elle ne fût commencée, ne fut peut-être douloureuse que pour ses amis, et funeste que pour sa patrie ».

Peu d'instants avant son supplice, Chénier donnait son dernier chant poëtique et Roucher (1) l'auteurdes *Mois*, tranquille à ce moment suprême, faisait faire son portrait par Leroy et au bas il écrivait ces vers si connus et si touchants : «

A ma femme, à mes enfants, à mes amis.

Ne vous étonnez pas, objets sacrés et doux,
Si quelque air de tristesse, obscurcit mon visage,
Quand un savant crayon dessinait mon image,
J'attendais l'échafaud et je pensais à vous. »

(1) Roucher (J. Ant.) né à Montpellier en 1745 dut à la protection de Turgot d'être nommé Receveur des Gabelles; peu occupé dans cette sinécure, il cultiva les lettres et publia *les Mois,* poëme en douze chants accueilli avec succès, aujourd'hui tombé dans l'oubli ; On a de lui des poësies diverses et une traduction de *la Richesse des nations,* de Smith. Comme A. Chénier, ayant osé flétrir les excès de la révolution, il fut envoyé à l'échafaud. Sa *correspondance* pendant sa détention fut publiée trois ans après sa mort.

CHAPITRE XV.

Robespierre et le 9 thermidor.

La chûte de Robespierre (1) vint rompre le joug sanglant qui pesait sur la France et rendre la liberté à Florian.

(1) La famille de Robespierre était d'origine Irlandaise ; réfugiée en France à la suite de la révolution d'Angleterre, un de ses membres avait rempli une mission politique à Arras au nom de Charles-Edouard-Stuart. Cette famille était noble d'origine ; Maximilien signa *de* Robespierre la protestation qui précéda le serment du jeu de paume. Son père, après la mort de sa femme, poursuivi par ses créanciers, abandonnant ses trois enfants, se réfugia en Allemagne, où il mourut. Maximilien l'ainé avait alors neuf ans. Sa sœur Charlotte dernière survivante après avoir été pensionnée, a-t-on dit, par Louis XVIII, mourut assez longtemps après, dans l'indigence. Accusée d'avoir trafiqué de prétendus mémoires, laissés par son frère elle répondit : « Je regarde comme injurieuse à mon honneur et à ma probité, l'idée qu'on ait pu acheter de moi, des *souvenirs non effacés*. J'appartiens à une famille à laquelle on n'a pas à reprocher la vénalité. Je vais rendre au tombeau le nom que je reçus du plus vénérable des pères, avec la consolation que personne au monde ne peut me reprocher un seul acte dans le cours de ma vie qui ne soit conforme à ce que prescrit l'honneur.

Quant à mes deux frères, c'est à l'histoire à prononcer définitivement sur eux ; c'est à l'histoire à reconnaître un jour si Maximilien est coupable de tous les excès révolution-

L'homme sinistre et médiocre qui personnifiait la terreur venait à son tour de payer de sa tête son règne odieux. Un long soupir de soulagement s'échappa du cœur du pays, honteux d'avoir subi si longtemps une pareille domination.

Merlin de Thionville, conventionnel et montagnard lui-même a dit : « Dans ces temps, tel fut l'avilissement de la France qu'un jongleur sanguinaire, sans talent et sans courage, nommé Robespierre, fit trembler tous les citoyens sous sa tyrannie ».

Dès le 22 prairial en effet tout droit de défense est écarté : « la règle du jugement, dit Robespierre, est la conscience du juge éclairée par l'amour de la justice et de la patrie, son but le salut public et la ruine des ennemis de la patrie. La loi donne pour défenseurs aux patriotes calomniés des jurés patriotes, elle en refuse aux conspirateurs ».

Cette doctrine épouvantable fut froidement appliquée. Ce despote qui tenait entre ses mains notre malheureuse patrie « comprit la force et la puissance de l'hypocrisie, ce fut avec l'orgueil son guide

naires dont ses collègues l'ont accusé après sa mort. J'ai lu dans les annales de Rome que deux frères aussi furent mis hors la loi, massacrés sur la place publique ; que leurs cadavres furent trainés dans le Tibre, leur vie payée au poids de l'or, mais l'histoire ne dit pas que leur mère qui leur survécut ait été blâmée d'avoir cru à leur vertu.

« Charlotte de Robespierre »

constant. Il tira même profit de ce que la nature lui avait donné d'antipathique : de sa laideur, il fit de la gravité ; de sa pesanteur d'esprit, de l'austérité ; de sa mauvaise santé, de la vertu ; de sa lâcheté, de la sagesse ; de son ignorance politique, une tactique ; de l'étroitesse de ses idées, un calcul ; de la banalité même, une arme mortelle à ses ennemis ».

Michelet a dépeint en quelques mots expressifs son genre d'argumentation oratoire : « il s'explique rarement sur l'application, ne s'aventure guère sur le terrain scabreux des voies et moyens. Il dit ce qu'on devait faire, rarement ce qu'on pouvait faire » (1).

« Robespierre était petit de taille, ses membres étaient grêles et anguleux, sa marche saccadée, ses attitudes affectées, ses gestes sans harmonie et sans grâce ; sa voix un peu aigre, cherchait les inflexions oratoires et ne trouvait que la fatigue et la monotonie ; son front était assez beau, mais petit, bombé au dessus des tempes, comme si la masse et le mouvement embarrassé de ses pensées l'avaient élargi à force d'effort ; ses yeux, très voilés par les paupières et très aigus aux extrémités, s'enfonçaient profondément dans les cavités de leurs orbites ; ils lançaient un éclair bleuâtre assez doux mais vague et flottant comme un reflet de l'acier

(1) Adrien Maggiolo, Robespierre.

frappé par la lumière ; son nez droit et petit, était fortement tiré par des narines relevées et trop ouvertes, sa bouche était grande, ses lèvres minces et contractées désagréablement aux deux coins, son menton court et pointu, son teint d'un jaune livide, comme celui d'un malade ou d'un homme consumé de veilles et de méditation.

L'expression habituelle de ce visage était une sérénité superficielle sur un fond grave et un sourire indécis entre le sarcasme et la grâce. Il y avait de la douceur, mais une douceur sinistre. Ce qui dominait dans l'ensemble de sa physionomie, c'était la prodigieuse et continuelle tension du front, des yeux, de la bouche, de tous les muscles de la face. On voyait, en l'observant, que tous les traits de son visage, comme tout le travail de son âme, convergeaient sans distraction sur un seul point, avec une telle puissance, qu'il n'y avait aucune déperdition de volonté dans ce caractère, et qu'il semblait voir d'avance ce qu'il voulait accomplir comme s'il l'eût eu déja en réalité sous les yeux (1) ».

« Cet homme était né pour les clubs. Il avait toutes les infériorités, tous les vices et tous les défauts qui conviennent pour y régner. Il le sentit, et dès la fondation des Jacobins, il y vint assidûment,

(1) Lamartine, *Histoire des Girondins*.

parlant chaque soir, sur tout, à propos de tout et contre tout le monde. Là, pas de responsabilité législative, point de contrainte, beaucoup d'ignorants et de fanatiques, c'était son affaire » (1).

Timide et astucieux, il n'avait abordé la tribune de l'assemblée qu'après la prise de la Bastille ; accusant sa séparation d'avec les constitutionnels et commençant cette guerre qui aboutit au 10 août et au 21 janvier. Il demanda l'établissement d'un *tribunal national* pour juger les conspirateurs, défendit les hommes de couleur, réclama la formation d'un comité chargé de décacheter les lettres suspectes, combattit la loi martiale et parla en faveur de l'abolition de la peine de mort dans la séance du 3 mai 1791.

Ce fait curieux se produisit à l'occasion du rapport de Lepelletier-Saint-Fargeau sur cette question : « la peine de mort sera-t-elle conservée ou abolie ? »

L'homme qui allait bientôt faire couler des flots de sang plaida avec verve et chaleur la cause de la clémence ; il ne lui déplaisait pas de feindre la sagesse philosophique jusqu'au moment où il aura ses vengeances à exercer ou ses rivaux à faire disparaître.

Il dit à la tribune : « Je viens prier les législa-

(1) Adrien Maggiolo, Robespierre,

teurs, qui doivent être les organes et les interprètes des lois éternelles que la Divinité a dictées aux hommes, d'effacer du Code Français les lois de sang qui commandent les meurtres juridiques et que repoussent leurs mœurs et leurs constitutions nouvelles.

» Ecoutez la voix de la justice et de la raison : elles vous crient que les jugements humains ne sont jamais assez certains, pour que la société puisse donner la mort à un homme condamné par d'autres hommes, sujets à l'erreur. Eussiez-vous imaginé l'ordre judiciaire le plus parfait, eussiez-vous trouvé les juges les plus intègres et les plus éclairés, il restera toujours quelque place à l'erreur ou à la prévention.

» Le premier devoir du législateur est de former et de conserver les mœurs publiques, source de toute liberté, de tout bonheur social : lorsque pour courir à un but particulier, il s'écarte du but général et essentiel, il commet la plus grossière et la plus funeste des erreurs. Il faut donc que les lois présentent toujours aux peuples le modèle le plus pur de la justice et de la raison.

» Si à la place de la sévérité puissante, calme, modérée, qui doit les caractériser, elles mettent la colère et la vengeance ; si elles font couler le sang humain qu'elles peuvent épargner et qu'elles n'ont pas le droit de répandre ; si elles étalent aux yeux du peuple des scènes cruelles et des cadavres meurtris par des tortures, alors elles altèrent dans le cœur des citoyens les idées du juste et de l'injuste; elles font germer au sein de la société des préjugés féroces qui, à leur tour, en produisent d'autres; l'homme n'est plus pour l'homme cet objet si sacré; on a une idée moins grande de sa dignité, quand l'autorité publique se joue de sa vie. L'idée du meurtre inspire moins d'effroi, lorsque la loi elle-même en donne l'exemple et le spectacle; l'horreur du crime diminue dès qu'elle ne le punit plus que par un autre crime.

» Gardez-vous bien de confondre l'efficacité des peines avec l'excès de la sévérité : l'un est absolument opposé à l'autre. Tout seconde les lois modérées, tout conspire contre les lois cruelles. » (1)

Cette pathétique harangue aura bientôt pour conclusion pratique l'envoi à l'échafaud des modérés, des indulgents, des alarmistes, des agioteurs, des fédéralistes, des dantonistes, des hébertistes, des *immoraux* de Chaumette, (2) vieillards,

(1) Discours de Robespierre sur la peine de mort ; séance du 30 mai 1791.

(2) C'est sur la proposition de *Chaumette*, président de la Commune, que la Convention décréta le culte de la *Raison*. Chaumette fut admis aux honneurs de la barre en compagnie de la belle Mlle Maillard, actrice de l'Opéra représentant la déesse *Raison*. Celle-ci placée à coté du Président en reçut

femmes, jeunes filles, bourgeois et gens du peuple pour la plupart.

L'ennemi, en éloquence, de la peine de mort, n'aura qu'un but : faire table rase de quiconque le gêne.

Le club des Jacobins l'avait pris pour idole ; dès que les sectaires qu'il enfiévrait se disposaient à traduire en fait ses théories révolutionnaires, il se dérobait, habile à se ménager une retraite en cas d'insuccès des siens. La veille de l'insurrection du 20 juin, il dit aux Jacobins : « Je prends acte que je me suis opposé à toutes les mesures contraires à la Constitution ».

Au 10 août (1), il se cache dans une cave, fuyant

l'accolade fraternelle. La Convention se prêta, par faiblesse, à cette bouffonnerie, suspendit la séance et se joignant au peuple, se rendit à l'église Notre-Dame convertie en *Temple de la Raison*, aux chants de l'hymne composé, pour la circonstance, par Marie-Joseph Chénier :

Descends, ô liberté ! fille de la nature !
Le peuple a reconquis son pouvoir immortel :
Sur les pompeux débris de l'antique imposture,
Ses mains relèvent ton autel.

(1) L'insurrection du 10 août fut l'œuvre des Girondins. En favorisant l'émeute, ils préparèrent le 31 mai dont ils furent les victimes. Lorsque le roi, chassé des Tuileries par la fusillade, alla se réfugier au milieu des députés, Vergniaud qui présidait, ce jour-là, désireux de se ménager un retour vers la monarchie constitutionelle, en cas d'insuccès de cette

l'émeute et la lutte sanglante qu'il avait attisées ; il ne reparaît que trois jours après la victoire de l'insurrection. Escorté par une foule de conspirateurs abjects, tels que Marat, Panis, Jourdheuil, Duplain, Sergent, il se fait déléguer à la Commune et nommer Président du Tribunal exceptionnel, fonction qu'il refuse soit pour simuler le désintéressement, soit crainte de dangers à courir, après avoir tout fait en sous main pour les obtenir.

Haïssant les Girondins qui le surpassaient en intelligence et dont il subissait les humiliations, il jura leur perte. Attentif à ménager les passions populaires, il use de son influence aux Jacobins pour les déconsidérer. Il se sert, pour satisfaire ses haines, de la Commune, de Danton et de Marat tour à tour ; n'attaquant jamais qu'un seul ennemi à la fois, il excite contre lui avec une persistance implacable les inimitiés et les haines de ceux qu'il immolera ensuite.

Lors du procès du roi sa froide logique n'est pas sans effet sur l'esprit des Girondins (1) ; il com-

violence se hâta de déclarer « que l'Assemblée regardait comme un de ses plus chers devoirs le maintien de toutes les autorités constituées ».

(1) La plupart des Girondins opinèrent pour la mort du roi. *Vergniaud*, le jour même du vote avait dit : « Je resterais seul de mon opinion que je ne voterais pas la mort ». L'appel nominal venu, il monta à la tribune et vota la mort ! Il essaya

prit leur hésitation à rougir leurs mains du sang de Louis XVI; beaucoup d'entre eux, délibérant sous l'œil de l'émeute prête à les engloutir, inquiets pour leur vie ou sacrifiant à une misérable popularité et leur conviction et leur honneur, se laissèrent dominer par les dilemnes implacables de ce rhéteur: « Il n'y a point de procès à faire, leur dit-il à la tribune de la Convention. Louis n'est pas un accusé. Vous n'êtes pas des juges. Vous êtes, vous ne pouvez être que des hommes d'Etat et les représentants de la nation. Vous n'avez point une sentence à rendre pour ou contre un homme, mais une mesure de salut public à prendre, un acte de Providence nationale à exercer. Les peuples ne jugent pas comme les corps judiciaires; ils ne rendent pas des sentences, ils lancent la foudre », et fidèle à ses habitudes hypocrites de langage, il conclut ainsi: « Je prononce à regret cette fatale vérité, mais Louis doit périr ».

La souveraineté, dont la Convention s'était emparée, se retourna bientôt contre elle. La création du tribunal révolutionnaire (1) et du Comité de Sa-

ensuite de pallier cet acte de faiblesse en soutenant l'amendement de *Mailhe* qui concluait à ce que le décret fût soumis à la sanction du peuple.

(1) Dès la création du tribunal révolutionnaire quelque illusoires que fussent les formes de l'instruction et la cruauté des juges, puisque du 26 mars au mois de juin 1794, 577 accusés

lut public (26 mars 1793) la firent trembler à son tour. Violée le 31 mai et le 2 juin 1793 par l'émeute et la Commune, elle avait logiquement hérité, auprès des sections insurgées, de l'impopularité qu'elle reprochait jadis au gouvernement inauguré par la constitution libérale de 1791.

Les Girondins décrétés d'accusation furent immolés le 30 octobre et le 8 novembre. Inspirateurs de fautes récentes, ils furent à leur tour frappés sans pitié. Leur fin héroïque a fait oublier, néanmoins, les incertitudes de leur politique, et en mourant, un des leurs jetta à la face de leurs bourreaux ces paroles sublimes : « Je meurs le jour où le peuple a perdu la raison; vous mourrez le jour où il l'aura recouvrée » (1).

La mort de Marat débarrassa Robespierre d'un rival dangereux.

C'est l'apogée de la puissance du dictateur. La

avaient été envoyés au supplice, un certain nombre d'acquittements ne furent pas moins prononcés. C'est à partir de la loi du 22 prairial que la procédure n'est plus qu'une constatation d'identité ; en 70 jours, 1,295 têtes tombèrent, la liste des victimes était dressée la veille du jugement. Pour atteindre même certains malheureux auxquels on n'avait rien à reprocher, l'accusateur public laissa, un jour, trois pages en blanc après l'acte d'accusation et y inscrivit à sa guise les noms de 42 détenus qui furent exécutés et dont les biens furent confisqués.

(1) Paroles du député *Lasource* au procès des Girondins.

Constitution a été suspendue jusqu'à la paix. Sur le rapport de Saint-Just, le gouvernement révolutionnaire est décrété le 10 octobre et tous les pouvoirs se concentrent au sein du comité de Salut public.

Très populaire auprès des masses, soutenu par les Jacobins, obéi par Couthon, Saint-Just et ses collègues du comité, Robespierre domine la Convention qui n'est plus qu'un bureau d'enregistrement et tient vraiment en mains les rênes du gouvernement.

Dès lors tout ce qui lui fait ombrage est *épuré.* Hébert, aussi lâche dans ses écrits qu'en face de ses juges ou de la mort ; Danton tout couvert du sang de Septembre, (1) qu'une admirable défense ne put sauver ; Camille Desmoulins son ami (2), habile à fomenter l'émeute par sa parole ou la verve de ses écrits, abaissent tour à tour leur tête sous le cou-

(1) La défense énergique de Danton, son assurance pleine de mépris, comme ses apostrophes véhémentes intimidèrent ses juges et rendirent un instant sa condamnation douteuse.

(2) Camille Desmoulins et Robespierre avaient été camarades au lycée Louis le Grand où passèrent Molière et Voltaire.

Robespierre, le jour de sa chûte, fut amené dans le vieux collège qui avait été transformé en maison d'arrêt. Ce fut dans une chambre bien connue de lui qu'il dut attendre pendant plusieurs heures que l'on prononçât sur son sort.

teau et leurs jeunes femmes, ayant osé implorer pour leurs maris la miséricorde de Robespierre, rougirent de leur sang la place de la Révolution (1).

C'est par fournées de 50 à 60 accusés que procède le pontife de l'Être suprême. (2)

(1) « La femme de Camille Desmoulins monta à l'échafaud avec un courage digne de ses vertus. Tout ce qu'on pouvait lui reprocher, c'était d'avoir aimé son époux avec passion, d'avoir sans cesse erré avec ses enfants autour de la prison pour voir leur père et le leur montrer. Depuis Charlotte Corday et Mme Roland, aucune victime n'avait inspiré un intérêt plus tendre et des regrets plus douloureux ». (Thiers, Révolution française, tome 6, p. 224.

(2) C'est le 16 prairial (4 juin 1794) que fut proclamé solennellement la reconnaissance de l'être suprême. Robespierre avait conçu, a-t-on dit, certains projets d'ordre et de régénération qu'il faisait, du reste, marcher de front avec la mort de milliers de victimes.

On sait que la Convention nationale, sous l'inspiration de *Chaumette* et de quelques abjurations indignes, avait institué le culte de la *Déesse Raison*. La nation avilie ou frappée de peur accepta ces folies. Robespierre avait refusé de s'y associer et les blâma hautement. Dès lors, obéissant à des tendances théocratiques qui ne le quittèrent jamais, il rêva le renversement de l'athéisme, espérant y trouver pour son gouvernement un moyen d'apaisement et de consolidaiion ; « L'athéisme est aristocratique, dit-il; l'idée d'un grand Etre qui veille sur l'innocence opprimée et qui punit le crime triomphant est toute populaire ». (Discours de Robespierre aux Jacobins, séance du 1er novembre 1793).

Marat était un tigre que devait assouvir le sang des victimes dont il avait fixé le nombre. Robespierre est un fléau comme la peste qui ne s'arrête que faute d'aliments. La guillotine est partout; elle est sur les places, sur les routes, elle suit les drapeaux.

A Paris, c'est Fouquier-Tinville, l'accusateur public et ses quatre substituts, qui moissonnent pour Robespierre, Couthon et Saint-Just; Collot-d'Herbois rase Lyon et couvre le Rhône de cadavres; dans le nord, Joseph Lebon(1) ; dans le midi, Maignet; dans l'ouest, Carrier (2) qui, pendant les deux mois de son proconsulat, fait mitrailler ou noyer 5,000 victimes. (3)

En vain ,ces horreurs sont-elles dénoncées par

(1) Le proconsul *Lebon* parcourait le département du Nord suivi de ses juges et d'une guillotine. Le bourreau était admis à sa table, et y était traité avec la plus grande considération. *Lebon* assistait aux exécutions, placé sur un balcon ; de là, il parlait au peuple, et faisait jouer *le ça ira* pendant que le sang coulait! » (Thiers Révolution Française, t. 6, p. 387).

(2) *Carrier* était né à Yolay près Aurillac. Procureur obscur, puis député à la troisième assemblée nationale, il fut envoyé à Nantes en octobre 1793, au moment où l'armée vendéenne, battue à Cholet et à la Tremblay était obligée de passer la Loire. Il s'y abandonna à la démence la plus sanguinaire. *Savary*, après une entrevue avec lui, dit : « il aurait besoin de lisières ou d'occuper une place à Charenton ».

(3) *Norvins*, Révolution Française, t. 1, p. 223.

des représentants courageux à la Convention avilie (1) l'éternel rapporteur du comité, le souple et doucereux Barrère vient déclarer à la tribune à ces censeurs importuns : « que les formes employées ont été *un peu acerbes*, mais que les motifs étaient *purs* et qu'il ne faut, du reste, parler des mesures révolutionnaires qu'avec égard ».

Couthon n'est pas moins explicite : « Le délai pour punir les traitres ne doit être que le temps de les reconnaître, » (2) et, par une suprême ironie, Robespierre à la tribune ne cesse d'invoquer pour justifier tous ces crimes, « la justice et la vertu ».

Le conventionnel Billaud-Varennes l'apostrophe un jour en ces termes : « Tous les hommes qui parlent sans cesse de justice et de vertu à la Convention ou aux Jacobins. sont ceux qui les foulent aux pieds ! »

Une consolation puissante nous dédommage de la vue des tableaux sanglants de la patrie déchirée.

Malgré ses violences et ses crimes, la Convention, par ses discussions dramatiques et souvent

(1) *Guffroy*, député d'Arras, fut un de ceux qui dénoncèrent avec le plus de courage les folies sanguinaires de *Carrier*.

(2) Rapport de *Couthon* à la Convention, sur la loi du 22 prairial, séance du 10 juin 1794.

pleines d'éloquence, communique à la nation ses fureurs guerrières. Si l'élan de 1792 fut sublime et suffit à conquérir la Belgique avec Dumouriez ; le décret du 23 août 1793, qui déclarait la guerre aux rois de l'Europe, imprima cet immense mouvement guerrier, d'où sortirent Hoche , Moreau, Jourdan, Marceau, Suchet et qui fit reculer la coalition.

« La Convention avait eu cet honneur de s'attacher avec passion à l'effort de la défense nationale, et à un déploiement de force courageuse qui portait partout en Europe la terreur de la valeur française comme la redoutable contagion de la Révolution. Son histoire nous pénètre d'une terreur souvent mélangée d'un certain respect ». (1)

Mais l'historien trahit la vérité quand, dominé par la passion, il rend ces victoires solidaires des proscriptions politiques. Il en est qui n'ont pas craint de les flétrir par je ne sais quelle alliance avec de lâches crimes ; de les présenter comme liées nécessairement à la sanguinaire tyrannie qu'ils érigent en habileté. Nos soldats ne se doutaient pas d'avoir de telles obligations. Ils n'avaient vu, eux, nul rapport nécessaire entre les massacres des prisons et les victoires de Valmy et de Jemmapes,

(1) *Guizot*, histoire de France de 1789 à 1748 racontée à mes petits-enfants.

entre les échafauds où périssaient leurs parents ou leurs amis et les champs de batailles où ils versaient leur sang » (1).

Préoccupés par dessus tout, des périls de la patrie, ils ignoraient les rivalités et les orages de la Convention. Pauvres et souvent sans pain, leur âme stoïque purifiait par leur valeur les cruautés des oppresseurs du pays ; l'honneur avait déserté le forum pour se réfugier aux armées.

Le jour vint où la Convention, honteuse elle-même de ses procédés de gouvernement, après avoir eu la bassesse de livrer ses chefs à une minorité sanguinaire et de consacrer le despotisme du salut public, se réveilla : « parce qu'elle vit que la servilité n'était plus une garantie ». (2)

Menacée, en effet, de nouvelles proscriptions par la loi du 22 prairial que Robespierre lui avait arrachée par violence, la Convention prit enfin le parti de secouer le joug humiliant qui pesait sur elle.

Dans la séance du 8 thermidor, Robespierre eut l'imprudence de montrer dans son discours qu'il avait encore soif du sang de ses collègues. Il avait cessé depuis six semaines de paraître aux comités,

(1) *De Barante*, mélanges historiques et littéraires.

(2) *Benjamin Constant*, mélanges de littérature et de politique.

se plaignant d'y être contrarié (1); il affectait en réalité de s'abstenir de toute immixtion dans le gouvernement, espérant que son absence serait considérée, par le peuple, comme un malheur public.

Assidu aux Jacobins, ce club si tristement célèbre, dont le réseau enserrait la France entière, avait supprimé toute liberté, enfanté la Terreur et souillé la Révolution, il s'y réfugie, échauffe ses auditeurs par ses discours, s'assure l'appui de la Commune et, quand tout est prêt pour l'insurrection, il vient ouvrir l'attaque à la tribune :

« J'ai besoin d'épancher mon cœur, dit-il hypocritement, vous avez besoin d'entendre la vérité. Ne croyez pas que je vienne intenter aucune accusation » — ce qui ne l'empêche pas de conclure en disant : « Il faut punir les traîtres, *épurer* le

(1) Les collègues de Robespierre au Comité du Salut public convaincus de ses vues ambitieuses, et peu rassurés sur ses projets à leur égard, s'attachaient à le déconsidérer. C'est à partir de ce moment que celui-ci prescrivit à ses émissaires de modérer et d'adoucir les décrets du Comité. Il demanda un jour le rappel de *Carrier*. Billaud-Varennes s'y opposa.

— Tu es le seul qui soutienne ce furibond, lui dit Robespierre.

— Il est moins coupable que toi, lui répondit celui-ci, il n'a point fait porter par violence la loi du 22 prairial!

Robespierre surpris de l'audace de ses adversaires les quitta la rage dans le cœur et ne parut plus au Comité.

comité de Sûreté Générale et le subordonner au comité de salut public, *épurer* le comité de salut public lui-même ».

Un pareil cynisme fait courir un frisson d'indignation dans l'assemblée et régner une sombre agitation; inquiets, incertains, les membres se consultent.

BILLAUD-VARENNES, le premier, ramasse le gant que lui a jeté Robespierre et défend le Comité de salut public : « Robespierre a raison, dit-il; il faut arracher le masque sur quelque visage qu'il se trouve; et s'il est vrai que nous ne jouissions pas de la liberté des opinions, j'aime mieux que mon cadavre serve de trône à un ambitieux que de devenir par mon silence le complice de ses forfaits ».

PANIS, interpellant Robespierre, se plaint de la tyrannie qu'il exerce aux Jacobins, et signale une liste de proscription où figurent des membres de la Convention.

CHARLIER. Quand on se vante d'avoir le courage de la vertu, il faut avoir celui de la vérité, nommez tous ceux que vous accusez !

La Convention, qui, dans un moment de stupeur, avait voté l'impression et l'envoi du discours de Robespierre, rapporte son décret et Collot-d'Herbois qui présidait, lève la séance.

La lutte suprême était engagée; toute hésitation

était impossible ; il fallait ou que Robespierre fût le maître ou qu'il périt. Ses adversaires des comités et de la Convention le sentaient comme lui.

Evidemment, tous ces hommes étaient également odieux et leurs mains rouges de sang ; mais une sombre jalousie et la soif effrénée du pouvoir les divisant, ils se ruaient vers l'échafaud avec un égal fanatisme, soit pour y trouver la mort, soit pour immoler leurs adversaires. Robespierre une fois renversé, ces vils instruments seront rejetés par la conscience publique.

Le lendemain s'ouvrit la mémorable séance du 9 thermidor (27 juillet 1794)

COLLOT-D'HERBOIS, comme la veille, était assis au fauteuil de la présidence.

SAINT-JUST aborde le premier la tribune, après quelques paroles vagues et embarrassées : « Vos Comités de sûreté Générale et de salut public, dit-il, m'avaient chargé de faire un rapport sur TALLIEN ».

Ce fut le commencement de l'orage.

TALLIEN. « Je demande la parole pour une motion d'ordre. L'orateur a commencé par dire qu'il n'était d'aucune faction : je dis la même chose ; je n'appartiens qu'à moi-même, qu'à la liberté ! C'est pour cela que je vais faire entendre la vérité. Aucun bon citoyen ne peut retenir ses larmes sur le sort malheureux auquel la chose publique est abandonnée ! Partout on ne voit que division. Hier, un membre du gouvernement s'en est isolé, a prononcé un discours en son nom particulier ; aujourd'hui un autre fait la même chose. On vient encore s'attaquer, aggraver les maux de la patrie, la précipiter dans l'abîme ! Je demande que le rideau soit entièrement déchiré !!..» (*Triple salve d'applaudissements*).

Billaud-Varennes, interrompant avec vivacité : « Je demande la parole pour une motion d'ordre.

« Hier, la société des Jacobins était remplie d'hommes apostés, puisque aucun n'avait de carte ; hier on a développé dans cette société l'intention d'égorger la Convention nationale (*mouvement d'indignation*) ; hier, j'y ai vu des hommes qui vomissaient ouvertement les infamies les plus atroces contre ceux qui n'ont jamais dévié de la révolution !

« Je vois sur la montagne un de ces hommes qui menaçaient les représentants du peuple.... Le voilà.... (Arrêtez ! Arrêtez ! *s'écrie-t-on de toutes parts. L'individu est saisi, et entraîné hors de la salle au bruit des applaudissements*).

« Le moment de dire la vérité est arrivé !... Je m'étonne de voir Saint-Just à la tribune après ce qui s'est passé ; il avait promis aux deux comités de leur soumettre son discours avant de le lire à la Convention, et même de le supprimer s'il leur semblait dangereux. L'assemblée jugerait mal les événements et la position dans laquelle elle se trouve, si elle se dissimulait qu'elle est entre deux égorgements. Elle périra si elle est faible! (Non! Non! Elle ne périra pas. *Tous les membres sont debout, ils agitent leurs chapeaux, ils jurent de sauver la République. Les citoyens des tribunes protestent de leur dévouement, et font entendre les cris de* : Vive la Convention nationale! Vive le comité de salut public! *Lebas demande la parole: on lui fait observer qu'elle appartient à Billaud; il insiste; il est rappelé à l'ordre, et Billaud continue*:)

» Je demande moi-même que tous les hommes s'expliquent dans cette assemblée. On est bien fort quand on a pour soi la justice, la probité et les droits du peuple! Vous frémirez d'horreur quand vous saurez la situation où vous êtes! quand vous saurez que la force armée est confiée à des mains parricides! Vous frémirez quand vous saurez qu'il est un homme qui, lorsqu'il fut question d'envoyer des représentants du peuple dans les départements, ne trouva pas sur la liste qui lui fut présentée vingt membres de la Convention qui fussent dignes de cette mission!... (*Mouvement*).

» Quand Robespierre vous dit qu'il s'est éloigné du Comité parce qu'il était opprimé, il a soin de ne pas vous faire tout connaître; il ne vous dit pas que c'est parce qu'ayant fait dans le comité sa volonté pendant six mois, il y a trouvé de la résistance au moment où, seul, il a voulu faire rendre le décret du 22 prairial, ce décret qui, dans les mains impures qu'il avait choisies, pouvait être funeste aux patriotes ! (*Mouvement*).

» Sachez, citoyens, qu'hier le président du tribunal révolutionnaire a proposé ouvertement aux Jacobins de chasser de la Convention tous les hommes impurs, c'est-à-dire tous ceux qu'on veut sacrifier ! Mais le peuple est là, et les patriotes sauront mourir pour sauver la liberté ! (Oui ! Oui ! *Approbation*)

» Je le répète : nous mourrons tous avec honneur, car je ne crois pas qu'il y ait ici un seul représentant qui voulût exister sous un tyran !... (*Toute l'assemblée* : Non ! Non ! Périssent les tyrans !)

Robespierre s'élance à la tribune.

Un grand nombre de voix. « A bas le tyran ! A bas ! A bas ! »

Tallien. « Je demandais tout à l'heure qu'on déchirât le voile ; je viens d'apercevoir avec plaisir qu'il l'est entièrement, que les conspirateurs sont démasqués, qu'ils seront bientôt anéantis, et que la liberté triomphera ! (*Vifs applaudissements.*) Tout annonce que l'ennemi de la représentation nationale va tomber sous ses coups. Nous donnons à notre République naissante une preuve de notre loyauté républicaine. Je me suis imposé jusqu'ici le silence, parce que je savais d'un homme qui approchait le tyran de la France, qu'il avait formé une liste de proscription. Je n'ai pas voulu récriminer ; mais j'ai vu hier la séance des Jacobins, j'ai frémi pour la patrie ! J'ai vu se former l'armée du nouveau Cromwel, et je me suis armé d'un poignard pour lui percer le sein, si la Convention nationale n'avait pas le courage de le décréter d'accusation... (*Marques d'approbation réitérées.*)

En parlant ainsi, Tallien en proie à la colère, un poignard à la main, dirige la pointe de son arme, avec une brutale énergie, du côté de Robespierre.

Cette scène terrible émeut profondément l'assemblée ; le dictateur et ses quatre acolytes sont terrifiés, et Tallien, enhardi par l'attitude de ceux qui l'écoutent, poursuit courageusement son attaque :

« L'homme qui est à la tribune est un nouveau Catilina ; ceux dont il s'était entouré étaient de nouveaux Verrès. On ne dira pas que les membres des deux comités sont mes partisans, car je ne les connais pas, et depuis ma mission je n'ai été abreuvé que de dégoûts. Robespierre voulait tour à tour nous attaquer, nous isoler, et enfin il serait resté un jour seul avec les hommes crapuleux et perdus de débauche qui le servent ! Je demande que nous décrétions la permanence de nos séances, jusqu'à ce que le glaive de la loi ait assuré la révolution, et que nous ordonnions l'arrestation de ses créatures. Je demande l'arrestation d'Henriot et de son Etat-major ».

Les propositions de Tallien sont adoptées au milieu des applaudissements et des cris de : *Vive la République.*

BILLAUD-VARENNES. « Les hommes que la Convention vient de frapper ne sont pas ceux qui méritent le plus son indignation.

» Je demande l'arrestation de Dumas, de Boulanger, de Dufraisse. » (*Adopté par acclamation.*)

DELMAS. « D'après les faits qui viennent d'être dénoncés, il est impossible de ne pas croire qu'Henriot ait eu l'adresse de s'entourer de conspirateurs ; ses adjudants et ses aides de camp doivent être infiniment suspects. J'en demande l'arrestation. » (*Adopté par acclamation.*)

ROBESPIERRE, qui était resté à la tribune, réclame la parole ; il veut la prendre ; sa voix se perd sous les cris redoublés : *A bas le tyran ! A bas ! A bas !* Barrère se présente ; on l'applaudit.

BARRÈRE (1) toujours avisé, voyant la cause de

(1) *Barrère* déploya constamment une remarquable souplesse d'esprit, servie par une faconde inépuisable. Dégagé de tout scrupule, son mérite d'écrivain lui avait valu d'avoir été choisi pour prononcer l'oraison funèbre de Mirabeau, le

Robespierre très compromise, et chargé par les comités de faire un rapport sur la situation, se déclare contre Robespierre; l'assemblée vote des mesures de précaution en vue de sa sécurité, et un projet de proclamation.

Vadier rouvre la discussion sur Robespierre. Il l'accuse d'être le seul auteur de la loi du 22 prairial, d'avoir organisé un système d'espionnage, et revient longuement sur l'affaire de la *Mère de Dieu* (1).

fit le rapporteur presque inévitable du Comité de salut public. Il savait revêtir les motions les plus sanguinaires d'un certain vernis lyrique, ce qui lui valut le surnom d'*Anacréon de la guillotine*. Dernier survivant de cette étrange époque, il est mort à Paris dans lespremières années du règne de Louis-Philippe.

Dans ses mémoires, *David d'Angers* rend compte d'une conversation qu'il eut avec *Barrère* sur les événements qui précédèrent thermidor. — Où vouliez-vous donc en venir, lui disait-il. — « Nous n'en savions rien, répondit *Barrère*. Nous nous redoutions les uns les autres, et nous faisions couper la tête à nos voisins de peur qu'ils nous en fissent autant ».

(1) *Catherine Théot*, appelée la *Mère de Dieu*, de concert avec *dom Gerle*, ancien chartreux, avaient fondé dans le quartier Saint-Jacques un club religieux où ils prophétisaient la venue d'un nouveau Messie Ces deux illuminés avaient des relations avec Robespierre. Quand les membres du comité de Salut public, qui lui étaient hostiles, effrayés de la popularité que la proclamation de l'existence de l'Être suprême lui

Tallien l'interrompt et demande à ramener la discussion à son véritable point.

Robespierre. « Je saurai bien l'y ramener, et il se dispose à parler; mais il est contraint de céder aux murmures et aux cris de l'assemblée, qui ne veut pas l'entendre.

Tallien. « Citoyens, ce n'est pas en ce moment sur des faits particuliers que doit se porter l'attention de l'assemblée. Les faits qu'on a dits ont de l'importance sans doute ; mais il n'est pas dans la Convention un membre qui ne pût en alléguer autant, qui ne pût se plaindre d'un acte tyrannique.

» C'est sur le discours prononcé hier à la Convention et répété aux Jacobins, que j'appelle toute votre attention. C'est là que je rencontre le tyran ! c'est là que je trouve toute la conspiration! c'est dans ce discours qu'avec la vérité, la justice et la Convention, je veux trouver des armes pour le terrasser, cet homme dont la vertu et le patriotisme étaient tant vantés, mais qu'on avait vu, à l'époque mémorable du 10 août, ne paraître que trois jours

avait acquise, commencèrent à le battre en brèche, ils résolurent de poursuivre la prophétesse, afin de compromettre ou de ridiculiser leur rival. *Théot* et *Gerle*, arrêtés, furent traduits par la Convention devant le tribunal révolutionnaire et oubliés dans la prison. La *Mère de Dieu* y mourut. *Dom Gerle* fut rendu à la liberté après le 9 thermidor.

après la révolution ! cet homme qui, devant être dans le comité de Salut public le défenseur des opprimés et rester à son poste, l'a abandonné depuis quatre décades ! Et à quelle époque ? Lorsque l'armée du Nord donnait à tous ses collègues de vives sollicitudes ! Il l'a abandonné pour venir calomnier les comités : et tous ont sauvé la patrie ! (*Applaudissements*). Certes, si je voulais retracer les actes d'oppression particuliers qui ont eu lieu, je remarquerais que c'est pendant le temps que Robespierre a été chargé de la police générale qu'ils ont été commis, que les patriotes du comité révolutionnaire de la section de l'Indivisibilité ont été arrêtés... »

ROBESPIERRE. « C'est faux ! Je... (*Murmures, cris ; Robespierre arrête un moment ses yeux sur les plus ardents montagnards ; quelques-uns détournent la tête, d'autres restent immobiles, la majorité le repousse, Alors, s'adressant à tous les côtés de l'assemblée :*) C'est à vous, hommes purs, que je m'adresse et non pas aux brigands... (*Violente interruption...*) Pour la dernière fois, président d'assassins, je te demande la parole... » (*Bruit.*)

COLLOT-D'HERBOIS cède le fauteuil à THURIOT.

Le Président. « Tu ne l'auras qu'à ton tour. » (Non ! non ! *reprend-t-on de tous côtés... Le bruit continue ; Robespierre s'épuise en efforts ; sa voix s'éteint.*)

Garnier (*de l'Aube*). « Le sang de Danton l'étouffe ! »

Robespierre. C'est donc Danton que vous voulez venger ! » (*Bruit.*)

Louchet. « Je demande le décret d'arrestation contre Robespierre. (*Les applaudissements d'abord isolés, deviennent unanimes.*) Ma motion est appuyée ; aux voix l'arrestation ! » (Aux voix ! aux voix !)

Lozeau. « Il est constant que Robespierre a été dominateur ; je demande pour cela seul le décret d'accusation. (*De toutes parts* : Appuyé ! aux voix !)

Robespierre *jeune*. « Je suis aussi coupable que mon frère ; je partage ses vertus, je veux partager son sort. Je demande aussi le décret d'arrestation contre moi. » (*Quelques membres paraissent émus ; la majorité répond par un mouvement d'indifférence*).

Robespierre veut parler sur le dévouement de son frère ; il lui est impossible de se faire entendre ; il apostrophe alors le président et toute l'assemblée avec une grande véhémence.

Duval (Charles). « Président, est-ce qu'un homme sera le maître de la Convention ? » (*Une voix* : Il l'a été trop longtemps !

Lozeau. « Aux voix l'arrestation des deux frères ! »

Billaud-Varennes. « J'ai des faits positifs que Robespierre n'osera pas nier. Je citerai d'abord le reproche qu'il a fait au Comité d'avoir voulu désarmer les citoyens...

Robespierre. « J'ai dit qu'il y avait des scélérats... » (*Violente interruption*).

Billaud-Varennes. « Je disais qu'il a reproché au Comité d'avoir voulu désarmer les citoyens; eh bien, c'est lui seul qui a pris cet arrêté! Il a accusé le gouvernement d'avoir fait disparaître tous les monuments consacrés à l'Être suprême; eh bien! apprenez que c'est par Couthon... »

Couthon. « Oui, j'y ai coopéré... » (*Murmures, cris.*)

Un grand nombre de membres : L'arrestation de Robespierre !

Le président la met aux voix; elle est décrétée à l'unanimité : tous les députés sont debout, et font retentir la salle des cris de *vive la liberté! vive la République!*

Robespierre. « La République! elle est perdue; les brigands triomphent! »

Louchet. « Nous avons entendu voter pour l'arrestation des deux Robespierre, de Saint-Just et de Couthon.

Lebas. « Je ne veux pas partager l'opprobre de ce décret! Je demande aussi l'arrestation. » (*Mouvements divers.*)

Lacoste (Élie). « Je demande l'arrestation de Robespierre jeune ; il est un de ceux qui ont sonné aux Jacobins le tocsin contre les comités. Il finissait son discours par ces paroles remarquables : *On dit que les comités ne sont pas corrompus ; mais si leurs agents le sont, les comités le sont aussi* ».

L'arrestation de Robespierre jeune est décrétée. (*Applaudissements*).

Fréron, (1) « Citoyens collègues, la patrie en ce jour et la liberté vont sortir de leur ruine ! (*Robespierre veut interrompre ; les murmures couvrent sa voix*). On voulait former un triumvirat qui eût rappelé les proscriptions sanglantes de Sylla ; on voulait s'élever sur les ruines de la République, et les hommes qui le tentaient sont Robespierre, Couthon et Saint-Just ! (*Plusieurs voix* : Et Lebas !) Couthon est un tigre altéré du sang de la représentation nationale ; il a osé, par passe-temps royal,

(1) *Fréron*, avait été un des principaux acteurs au 10 août et aux massacres de Septembre. Après Thermidor, il eut l'honneur de proposer la déportation pour les délits révolutionnaires (17 germinal, 6 avril). Le féroce proconsul qui avait ensanglanté le Midi, mitraillé les prisonniers de Toulon et appelait Marat son *divin maître*, après avoir rédigé l'*Orateur du peuple*, journal des muscadins du Directoire, accepta du 1er Consul, une Sous-Préfecture dans l'île de Saint-Domingue ; il y mourut en 1802.

parler dans la société des Jacobins de couper cinq ou six têtes de la Convention... (Oui, Oui. *Mouvement d'indignation*) Ce n'était là que le commencement; il voulait se faire de nos cadavres autant de degrés pour monter au trône...

Couthon. « Je voulais arriver au trône, moi! » (il hausse les épaules en montrant ses membres paralysés).

Fréron. « Je demande le décret d'arrestation contre Saint-Just, Lebas et Couthon. »

Lacoste (Élie). « J'appuie cette proposition. C'est moi qui ai dit le premier au Comité de salut public que Couthon, Saint-Just et Robespierre formaient un triumvirat. Saint-Just a pâli et s'est trouvé mal. Je demande le décret d'arrestation contre Couthon, Saint-Just et Lebas. » (*Adopté*).

Barrère rédige et réunit ces décrets, qui sont de nouveau acceptés et proclamés, au milieu des applaudissements, des cris de joie de l'assemblée et d'une partie des citoyens des tribunes :

« La Convention nationale décrète que Maximilien Robespierre, l'un de ses membres, sera sur le champ mis en état d'arrestation.

« La Convention nationale décrète que Robespierre le jeune, l'un de ses membres, sera mis sur le champ en état d'arrestation.

« La Convention nationale décrète que Saint-

Just, Couthon et Lebas, trois de ses membres, seront mis sur le champ en état d'arrestation.

« La Convention nationale décrète que Dumas, président du tribunal révolutionnaire, Henriot, Boulanger, Lavalette, Dufraisse, chefs de la garde nationale de Paris, ainsi que les adjudants-généraux et aides-de-camp de Henriot, et d'Aubigny, ci-devant adjoint du ministre de la guerre et Prosper Sijas, adjoint à la commission du mouvement et de l'organisation de l'armée de terre, seront mis sur le champ en état d'arrestation. »

Collot-d'Herbois se présente à la tribune et fait le récit des dangers qu'il a courus, des murmures qui l'ont accueilli la veille aux Jacobins, lorsqu'il a voulu parler de la situation de la République ; il s'attache à dévoiler la conduite de Robespierre, et il rappelle les circonstances, les bruits qui l'accablent.

Robespierre : Tu en as menti !

A ce cri, l'assemblée en tumulte demande que le décret d'arrestation soit exécuté.

Le président déclare qu'il a déjà donné des ordres, que les huissiers se sont présentés, mais qu'on a refusé d'obéir.

A la barre! A la barre! s'écrie-t-on de toute part.

Les députés décrétés y descendent enfin : « Robespierre furieux, Saint-Just calme et méprisant, les autres consternés de cette humiliation si nouvelle pour eux.

« Ils étaient enfin à cette place, où ils avaient envoyé Vergniaud, Brissot, Petion, Camille Desmoulins, Danton et tant d'autres de leurs collègues, pleins de vertu, ou de génie, ou de courage (1) ». On les livre à la gendarmerie. Il est cinq heures, la séance est suspendue.

Telle fut cette mémorable et orageuse séance. Il ne restait, comme dernière ressource, à Robespierre et à ses partisans, que l'insurrection.

(1) Thiers, *Histoire de la Révolution française*, t. VI, p. 454.

Il est juste de mentionner au nombre des Girondins victimes de la tyrannie de Robespierre notre éminent compatriote *Rabaut-Saint-Etienne*. Fils de pasteur et pasteur lui-même, il naquit à Nimes, et fut envoyé, par le département de l'Aube, à la Constituante. Il y lutta avec ardeur contre le clergé, combattit la mise en jugement de Louis XVI et vota l'appel au peuple et le sursis. Membre de la Commission des douze, il fut distrait, après le 31 mai, de la liste des citoyens proscrits, mais n'en mourut pas moins sur l'échafaud. Au nombre de ses écrits figurent les *Lettres à Bailly, sur l'Histoire primitive de la Grèce*, 1787, et un *Précis de l'Histoire de la Révolution française*, 1791.

Voici le jugement aussi inique qu'absurde porté par Robespierre sur le malheureux *Rabaut-Saint-Etienne* : « *Rabaut*, traître comme un protestant et un philosophe qu'il est, travaille depuis six mois avec *Montesquiou* à ouvrir la Savoie et la France aux Piémontais ».

Il avait dit la veille aux Jacobins : « Allez et séparez les méchants des hommes faibles, délivrez la Convention des scélérats qui l'oppriment » (1).

Dès la nouvelle de leur arrestation, la Commune obéissant à ces conseils se met en mouvement, délivre les prisonniers (2) et les amène à l'Hôtel de ville.

La Convention accablée de fatigue, s'était séparée à cinq heures et ne devait se réunir qu'à sept heures. Cette faute faillit lui être funeste. C'est pendant ce temps qu'Henriot, commandant la garde nationale, homme brutal et fanatique, invite les sectionnaires à marcher contre l'assemblée. Coffinhal, chef des canonniers, envahit le Palais National, et ses soldats pénètrent jusqu'au comité de sûreté générale. Au dehors, les canons sont pointés sur la salle des délibérations.

La Convention venait de rentrer en séance.

Collot-d'Herbois présidait par intérim (3). On

(1) Séance des Jacobins, 8 thermidor 1794.

(2) Le Comité de sûreté générale avait séparé et dispersé dans des prisons diverses Robespierre et ses partisans. Couthon avait été emprisonné à Port-libre où se trouvait en ce moment détenu Florian.

(3) L'attitude de Collot-d'Herbois à cette époque, pleine de fermeté contre Robespierre, ne fut pas exempte de perfidie. Telle était la crainte que Maximilien inspirait à ses ennemis, qu'ils résolurent d'avoir recours même à la ruse pour le perdre. Collot-d'Herbois fut chargé par les membres du Comité de provoquer la rupture. Il alla le trouver chez lui et lui

lui fait connaître ce qui se passe : Citoyens, dit le président, voici l'instant de mourir à notre poste !

— Oui ! Oui ! Nous y mourrons ! répètent tous les représentants.

« Hors la loi les scélérats, » crie l'assemblée ; cette motion est immédiatement adoptée.

Des représentants sortent pour haranguer les soldats et les modérer.

Henriot va commander le feu.

Amar leur crie : Canonniers, pourriez-vous déshonorer la patrie, ce brigand est hors la loi ! »

A ces mots, encore redoutables, les canonniers hésitent et finalement refusent d'obéir à Henriot ; celui-ci, presque ivre, furieux de son insuccès, les quitte brusquement, se fait jour à travers la foule en la sabrant et va rejoindre précipitamment la Commune.

La Convention puise une énergie nouvelle dans ce premier succès.

Des décrets d'arrestation et de mise hors la loi sont lancés contre le maire (Fleuriot), l'agent national (Payan), les officiers municipaux, les membres du conseil général de la Commune, etc.

dit : « Sois tranquille, mon ami, indique les conspirateurs, et l'assemblée les chassera de son sein ». Il se hâta en le quittant d'aller prévenir ses collègues, et annonça à plusieurs représentants que Robespierre, irrité, allait demander l'*épuration* d'un grand nombre d'entre eux.

Voulland (1) propose au nom des deux comités de salut public et de sûreté générale, et la Convention décrète que la force armée sera confiée à un de ses membres. Barras, ajoute Voulland, aura le courage d'accepter...

Barras. Assurément.

Voulland demande pour adjoints ses collègues Ferraud, Fréron, Rovère, Delmas, Bollet, Léonard Bourdon, Bourdon *(de l'Oise)*, Legendre, Goupillaud *(de Fontenay)*, Beaupré et Huguet, qui sont aussitôt proclamés.

(1) *Voulland* (Henri), né à Uzès en 1750, quitta le barreau de Nimes pour aller représenter sa province aux États-Généraux. Protestant comme Rabaut, il dut, en grande partie, sa nomination à ce dernier. Il était petit de taille, d'une intelligence des plus médiocres, violent comme un forcené à la moindre contrariété. Il vota la mort du roi sans sursis, se rendit odieux par ses dénonciations, notamment contre le baron de Marguerite, maire de Nimes, qui périt sur l'échafaud. Le département du Gard l'envoya en 1792 siéger à la Convention, où son extravagance féroce ne fit que s'accroître. Il aimait à se repaître de la vue des exécutions : « *Allons, disait-il, voir célébrer la messe rouge* ». A ses collègues lui reprochant un jour cette attitude, il répondit : « *J'y vais rire de la mine que font ces gueux à la fenêtre* ». Après avoir été un des séïdes de Robespierre, il le combattit avec les thermidoriens qui le décrétèrent d'arrestation en 1795. Il fut plus tard amnistié et mourut, à Paris, en 1802, chez le libraire Maret qui l'avait recueilli par charité.

Barrère, *au nom des comités de salut public et de sûreté générale*, lit le rapport dont il a été chargé :

« Citoyens, elle a donc éclaté, cette horrible conjuration tramée sous le manteau du patriotisme, et par des usurpateurs de l'opinion publique! Elle tenait à des ramifications nombreuses et qui se sont découvertes dans cette soirée avec une rapidité effroyable ; car les événements de la moitié de cette journée doivent dessiller les yeux aux citoyens les plus incrédules.

« Vous voyez ici la conspiration la plus atroce, une conspiration militaire, une conspiration ourdie avec une latitude, avec un art et un sang-froid que n'eurent jamais ni les Pisistrate, ni les Catilina.

Barrère conclut enfin en déposant un projet de décret qui est adopté en ces termes :

« La Convention nationale, après avoir entendu le rapport de ses comités de salut public et de sûreté générale, défend de fermer les barrières, ni de convoquer les sections, sans une autorisation des comités de salut public et de sûreté générale.

« Elle met hors de la loi tous les fonctionnaires publics qui donneraient des ordres pour faire avancer la force armée contre la Convention nationale, ou pour l'inexécution des décrets qu'elle a rendus.

« Elle met aussi hors de la loi les individus qui, frappés de décret d'arrestation ou d'accusation, n'auraient pas déféré à la loi, ou qui s'y seraient soustraits.

« La Convention nationale compte sur le zèle, le patriotisme et la fidélité des sections de Paris envers la République indivisible, et leur défend expressément d'obéir à une municipalité conspiratrice que la Convention nationale vient de mettre hors la loi.

« Tout le ralliement des autorités constituées et de la force publique est à la Convention nationale. »

Pendant ce temps, Robespierre pérorait à l'Hôtel de ville au milieu de ses partisans, comme lui en proie à l'indécision (1). Quand on leur annon-

(1) Dans son *Histoire de la Révolution française*, M. *Louis Blanc* insiste avec complaisance sur les prétendus scrupules de légalité de Robespierre à consentir en ce moment à une marche des troupes de la Commune contre la Convention. Il faut vraiment de l'engouement pour celui qu'il érige du reste en « Apôtre et en Martyr », pour apprécier ainsi le trouble d'esprit de l'hypocrite rhéteur, dont la politique ténébreuse prépara le 10 août, sans oser y prendre part ; favorisa le 31 mai et le 2 juin, c'est-à-dire la décapitation de l'Assemblée dans la personne des Girondins, dont il poursuivit la chûte avec une ténacité implacable ; fit décréter l'expulsion et l'arrestation de 73 députés de la droite qui le gênaient ; qui, la veille

ce leur mise hors la loi et la marche contre eux des troupes restées fidèles à la Convention, le vide commence à se faire autour d'eux.

Tout à coup la porte s'ouvre violemment, des gendarmes et des soldats envahissent la salle. Un coup de feu part. Robespierre tombe, la mâchoire fracassée par une balle. Est-ce un suicide ? Est-ce le gendarme Méda qui l'a atteint ? (1) C'est un

même de Thermidor, préparait une nouvelle hécatombe prise au sein même de cette malheureuse Assemblée bloquée par l'émeute et qu'il n'avait jamais cessé de fouler aux pieds et d'avilir.

La vérité, c'est que Robespierre, battu au sein de la Convention, dont il avait lassé la servilité et qu'il n'avait dominée que par la terreur, attendit vainement le salut du nouveau coup d'Etat de la Commune, fomenté par lui aux Jacobins ; son affaissement fut aussi profond que son orgueil. Dans les phases diverses de ces suprêmes circonstances, on le retrouve tel qu'il avait toujours été, agressif et implacable en parole et lâche dans l'action.

(1) Les historiens croient au suicide de Robespierre. Dans son rapport à la Convention sur les événements de Thermidor, Barrère dit : « Robespierre aîné s'est blessé ».

Louis Blanc, dans son *Histoire de la Révolution française*, toujours avide d'afficher ses sympathies pour Robespierre, et s'appuyant sur le rapport des officiers de santé, chargés de panser sa blessure, cherche à prouver qu'il fut frappé par la balle du gendarme Méda : « Le récit du suicide, pense-t-il, n'est qu'un moyen employé à l'appui de la réaction thermidorienne ».

sauve qui peut général. Son frère se précipite par la fenêtre ; Lebas se fait sauter la cervelle ; Couthon est jeté au bas de l'escalier et cherche en vain à faire le mort ; Saint-Just, debout, agite un poignard et se décide à ne pas s'en servir ; Coffinhal, furieux contre Henriot qui n'a pas su défendre la Commune, le précipite dans une ruelle aux abords d'un égoût dans lequel ce dernier essaie en vain de se cacher.

Dumas, le féroce et stupide président du tribunal révolutionnaire, est saisi sous la table un flacon à la main ; vérification faite, il renfermait un parfum d'eau de mélisse des Carmes.

Le dernier acte de cette comédie lugubre approchait. Il était trois heures du matin.

Les rebelles sont garrottés ; Robespierre et tous les blessés sont placés sur des brancards et portés à la Convention.

Charlier, *président par intérim :* « Le lâche Robespierre est là ; vous ne voulez pas qu'il entre? » (*Un grand nombre de voix :* Non ! Non !)

Thuriot. « Apporter dans le sein de la Convention le corps d'un homme couvert de tous les crimes, ce serait enlever à cette belle journée tout l'éclat qui lui convient; le cadavre d'un tyran ne peut que porter la peste ! La place qui est marquée pour lui et ses complices est la place de la Révotion ; il faut que les deux comités prennent les mesures nécessaires pour que le glaive de la loi les frappe sans délai. » (Oui ! oui ! *Applaudissements*).

DUBOIS-CRANCÉ. (1) « Je dois rendre ici hommage à la sagacité de Marat. *(Attention)* A l'époque du jugement du tyran Capet, il me dit en parlant de Robespierre : Tu vois bien ce coquin-là ? — Comment coquin ! — m'écrié-je. Oui, reprit Marat, cet homme est plus dangereux pour la liberté que tous les despotes coalisés ».

LEGENDRE, les clefs à la main, annonce qu'il vient de fermer le club des Jacobins.

Il est six heures du matin. On annonce que partout le calme règne ; la séance est suspendue.

(1) *Dubois-Crancé*, ancien lieutenant des Maréchaux de France, avait été un des principaux fondateurs du Club des Jacobins. Il y avait fait décider que tout récipiendaire serait tenu de répondre à cette question : Qu'as-tu fait pour être pendu ? Une réponse insuffisante entraînait la non admission. Revenu de ses entraînements, il se voua spécialement à l'organisation militaire et poursuivit avec énergie, après Thermidor, les complices de la Terreur.

Avant germinal (1er avril), il entra dans le comité avec Siéyès, Rewbel, Merlin (de Douai), Boissy-d'Anglas, en remplacement de Cambacérès, Carnot et Pelet (de la Lozère). Loin de rechercher plus tard la faveur du Premier Consul, comme le firent beaucoup de farouches conventionnels, il s'opposa fermement au 18 brumaire et fut destitué du ministère de la guerre, où il avait remplacé Bernadotte.

Dès qu'elle est reprise, THURIOT et BENTABOLE s'étonnent de ne pas apprendre que la tête des conspirateurs est tombée, et sur leur demande les Comités sont chargés de donner des ordres en conséquence.

Celui qui fut sans pitié, et dont la politique atroce avait endurci les cœurs, subit à son tour toutes les douleurs physiques et toutes les humiliations.

Il était étendu, dans une salle du Comité, sur une table, revêtu du costume qu'il portait le jour de la fête de l'Etre suprême, habit bleu et culotte de nanquin ; son chapeau et sa cravate avaient disparu dans la bagarre ; appuyé sur le coude gauche, la figure contractée et pleine de sang.

On lui disait :

« Oui, Robespierre, il est un être suprême ! »

« Ne voilà-t-il pas un beau Roi ? »

« Votre Majesté souffre ? »

Après la chute venait l'outrage.

Le chirurgien le fit asseoir, pansa sa blessure et lui mit sous le menton un bandeau noué sur le haut de la tête pour soutenir sa mâchoire fracassée.

« On met le diadème à sa Majesté, » dit un railleur.

« Tu iras bientôt reposer ta tête à la petite fenêtre, » dit un autre.

Il était là, entendant tout, impassible, quand la

douleur ne lui arrachait pas quelque mouvement convulsif. « Il avait l'insensibilité et la sécheresse de l'orgueil humilié, ne répondant à aucune parole (1) ». Il se baissa, un moment, pour se débarrasser d'une jarretière qui le gênait; un des assistants l'y aida.

« Je vous remercie, Monsieur, dit-il ».

En allant à la Conciergerie, porté sur un fauteuil, il fut pris soudain d'un accès de colère et, sans raison, asséna un coup de poing sur la tête de l'un des porteurs. Dès son arrivée, il demanda ce qu'il fallait pour écrire. Le guichetier, naguère avec le bourreau un des ressorts importants de son système gouvernemental, répond par un refus ironique :

« Pourquoi faire, veux-tu écrire à ton Etre suprême ? »

A quatre heures, lui et ses complices comparaissent pour la forme devant le tribunal de Fouquier-Tinville, qui se borna à constater leur identité et s'empressa de requérir contre eux, avec le même cynisme dont il avait fait preuve quand il demandait la mort pour les *fournées* que Robespierre lui désignait.

« J'entraîne Robespierre ! » avait dit Danton, après sa condamnation; sa prédiction se réalisait.

A quatre heures et demie, Fouquier-Tinville les

(1) Thiers. *Révolution française*, t. VI, page 475.

fit conduire au supplice, en attendant le jour prochain où il s'y acheminera lui-même (1).

Quand Robespierre traversa la cour de la Conciergerie, 500 prisonniers faisaient la haie. Ils comprenaient que l'échafaud s'éloignait d'eux, à mesure que son principal pourvoyeur s'en rapprochait :

« Place à l'incorruptible ! » cria le geôlier.

Les exécuteurs entassèrent sur les charrettes Robespierre, son frère Augustin, Saint-Just, Couthon, Coffinhal, Dumas, président du tribunal révolutionnaire ; Henriot, Fleuriot-Lescot (maire de Paris), Payan, agent national, et leurs compli-

(1) *Fouquier-Tinville* joignait l'ironie à la cruauté. Un jour, la vieille Maréchale *de Mouchy*, infirme et courbée par l'âge, est amenée devant lui. Pour qu'elle puisse entendre, l'huissier est obligé de lui crier fortement à l'oreille, qu'elle est accusée d'avoir conspiré contre la République. — « Eh ! puis-je conspirer contre quelqu'un, dans l'état où je suis, répondit-elle en secouant la tête, je suis sourde ! » Fouquier-Tinville se tourna gravement vers les juges et leur dit : — Vous l'entendez, citoyens, Madame a conspiré *sourdement* contre l'Etat, et il l'envoie à l'échafaud.

Après le 9 thermidor, décrété d'accusation à son tour, après un procès qui ne dura pas moins de 41 jours, il fut condamné à mort et exécuté le 17 floréal (6 mai). En le couvrant d'insultes la foule lui criait ironiquement : « Tu n'as pas la parole ».

ces (1). Ils étaient 21, y compris le cadavre de Lebas.

C'est au milieu des cris d'allégresse et de haine contre le tyran, que le lugubre cortége traversa la rue Saint-Honoré se dirigeant vers la place de la Révolution.

Depuis quelque temps, le dégoût public avait fait reléguer l'échafaud à la barrière du Trône. Il fut décidé cette fois qu'il serait dressé comme naguère au centre de Paris.

On voulait voir Robespierre; les parents des victimes suivaient le convoi, et les gendarmes de l'escorte le désignaient de la pointe de leur sabre.

Rue Saint-Honoré, devant la maison du menuisier *Duplay*, où Robespierre avait habité, le cortége s'arrêta. Au milieu du délire général, on dansa autour des charrettes (2).

(1) *Payan*, créature de Robespierre, homme ignorant et brutal, avait été possédé par l'idée fixe de marcher contre la Convention et de refaire contre elle un 31 mai. C'est lui qui, dans une lettre datée de brumaire, écrivait un jour en parlant de Philippe (d'Orléans) : «Quand bien même il eût été innocent, si sa mort pouvait être utile, il fallait qu'il pérît ».

M. *Louis Blanc*, indulgent pour les héros, même les plus compromis de cette époque, dit de lui : « Ce *Payan* est une figure qui vaut qu'on s'y arrête, il avait *quelques idées* fort saines ».

(2) *Nougaret*, t. IV, page 313.

Une femme dont les enfants avaient péri victimes du décret du 22 prairial, monta sur les roues et apostropha Robespierre en ces termes : « Va, scélérat, descends aux enfers avec la malédiction de toutes les épouses et de toutes les mères (1) ».

Puis un enfant, armé d'un balai, un seau à la main plein de sang de bœuf, barbouilla la porte où il avait vécu et aimé. Robespierre à cette vue, tressaillit et ferma les yeux.

Après cette scène hideuse, le lugubre cortége se remit en marche au milieu des cris de joie d'une foule composée en partie de gens qui venaient y savourer la vengeance, mais aussi de cette vile populace qui applaudissait à la mort des coupables comme elle avait applaudi à celle des innocents.

Ils arrivent enfin au pied de l'instrument de supplice. Saint-Just, toujours impassible, mourut avec courage. Couthon était abattu; Robespierre jeune et Henriot étaient presque morts de leurs blessures.

Fleuriot-Lescot fut exécuté le dernier en sa qualité de maire de Paris.

Robespierre gravit seul les degrés de l'échafaud; son teint, ordinairement bilieux, était livide.

Sur la plate-forme, le bourreau, après l'avoir montré au peuple, lui arracha le bandeau qui lui

(1) *Nougaret*, t. IV, page 313.

couvrait les joues ; il poussa un cri de douleur (1), et quand sa tête mutilée par le suicide roula sur l'échafaud, de longs applaudissements retentirent sur la place de la Révolution.

Il avait 35 ans.

Cet homme singulier, ce rêveur sans imagination, audacieux en parole et lâche dans l'action,

(1) En parlant de la mort de Robespierre, *Louis Blanc*, dont les importants travaux historiques seront utilement compulsés par les historiens, non content de rabaisser l'histoire au niveau du pamphlet, n'évite pas toujours la puérilité ou l'emphase. Il met en scène une prétendue fermière qui, en apprenant la mort de Maximilien, au moment où elle tenait son fils sur ses genoux, fut prise d'un tel saisissement, qu'elle laissa tomber son fardeau, et les mains levées au ciel, s'écria : *O qu'os nes finit pol bounheur del paouré pople. On a tuat o quel que l'aimabo tant.* — « Oh ! c'en est fait du bonheur du pauvre peuple ; on a tué celui qui l'aimait tant »,

Et à propos du cri de douleur proféré par Robespierre, le nuageux théoricien de *l'organisation du travail*, en proie à ses passions jacobines, ne craint pas d'ajouter : « C'était le cri de ce pauvre peuple dont parlait la paysanne, c'était le cri de ces millions d'infortunés qu'on allait ramener aux carrières ».

Sans rechercher l'odieux d'une pareille affirmation, il serait plus juste de dire que, loin d'être ramené aux carrières par la mort de Robespierre, le peuple en fut retiré. Il est, en effet, absolument démontré aujourd'hui que les victimes de la Terreur furent prises en grande majorité dans les rangs du peuple lui-même.

ce déclamateur insatiable, froid et haineux, mourut sans mot dire comme s'il eût conscience du châtiment mérité qui l'atteignait.

Assurément les Thermidoriens qui l'immolèrent ne valaient pas mieux que lui. Fouché, Bourdon (de l'Oise), Rovère, Lecointe, Thuriot, etc., coalisés au 9 thermidor et menacés eux-mêmes, avaient la conscience chargée des mêmes crimes. C'est dans leur propre salut qu'ils puisèrent le courage déployé dans cette journée mémorable.

Si leur œuvre fut bonne, l'histoire ne leur en sait aucun gré. Mais en renversant Robespierre et en immolant un rival redoutable, ils firent prévaloir la cause d'une tardive justice et portèrent, sans s'en douter, le dernier coup au régime de la Terreur dont ils avaient été les principaux artisans.

L'arrestation de Florian, par le Comité de salut public, nous a amené à toucher à un des points les plus terribles de notre histoire. Nous n'avons pas cherché à nous soustraire à l'intérêt puissant qui s'y attache ; mais si, en nous attardant à retracer, quoique sommairement, ces pages brûlantes, nous avions dû être soupçonné d'y rechercher, au lieu d'un enseignement, un motif de récriminations, nous aurions fermé le livre.

CHAPITRE XVI.

Les pastorales pendant la Révolution.

Pour justifier plus amplement la digression historique qui précède et l'exposé succint des évènements où Florian fut mêlé, et dont il eut tant à souffrir, il serait facile de démontrer que, dans cette étude sur notre poète, où nous sommes amené à traiter la question du roman pastoral, nous n'avons jamais perdu de vue notre œuvre principale, inséparable des évènements qui se déroulèrent à la fin du XVIIIe siècle, aussi bien que des personnages qui en furent les principaux acteurs.

Dans la plupart des écrits du genre pastoral, les soins des auteurs ne sont pas seulement employés à donner de l'esprit à leurs bergers et à leur faire parler un langage brillant, rempli de fausses pensées, bien loin de leur langue naturelle, presque toujours plein de figures laidies ou outrées.

Sans crainte de tomber dans des disconvenances étranges, ils font dialoguer les plus fameux personnages de l'histoire, non pour retracer la dignité et l'énergie de leurs sentiments et de leurs idées, mais pour les travestir en discoureurs raffinés.

C'était, en effet, un usage malheureusement usité depuis la fin du XVIe siècle de traiter en églogues des matières élevées.

Celui qu'un décret des magistrats de Toulouse proclamait *le poète français* par excellence, Ronsard, l'auteur de la *Franciade*, y a mis la louange de la France et des princes. Il fait passer dans son monde pastoral les sombres figures d'Henri II, de Charles IX et de Catherine de Médicis, sans éviter le ridicule que produit la disproportion du sujet et la forme de l'ouvrage.

Tout le XVIIIe siècle, que Rousseau, Bernardin de Saint-Pierre, Gessner, ont marqué de leur empreinte, se débat plus qu'aucun autre dans ces goûts factices.

Toutes les branches de l'activité humaine, peinture, poésie, musique, leur paient un égal tribut.

Les politiques les trahissent au sein même de leurs plus terribles préoccupations ; et ce n'est pas là un des traits les moins curieux de l'époque révolutionnaire.

Saint-Just, au début de cette révolution, que son imagination entrevoyait comme une belle journée de printemps, publie, avec *Mes Passe-temps*, son poème *d'Organt*, en vingt chants, pastiche de Voltaire et de Rousseau.

Pendant la vie politique effroyablement rapide

de ce jeune homme (elle dura moins de deux ans, de 1792 à 1794), son esprit, fasciné par le mirage d'une cité idéale, et absorbé par je ne sais quel système agraire, prophétise le temps où chaque Français, ayant sa chaumière et sa charrue, n'enviera plus les jouissances de la richesse et reposera dans les seuls besoins de la nature.

L'inventeur des dénominations originales du calendrier républicain, *Fabre d'Eglantine,* après ses *Elégies* et son *Etude sur la nature*, chante avec tant d'aménité que Berquin ou Florian les amours et les infortunes pastorales. Qui ne connaît sa *Chanson de Beauvais*, *Il pleut, bergère* (1), et la jolie romance *Je l'aime tant.*

Heureux si cet homme, doué des plus admirables facultés, tour à tour poète, musicien, peintre, graveur et comédien, au lieu de s'abandonner à l'ardeur de ses passions, qui le poussèrent à toutes sortes d'excès, se fût contenté du laurier paisible des poètes et d'honorer son pays par ses travaux littéraires.

(1) *Fabre d'Eglantine,* impliqué dans le procès des Dantonistes, après avoir répondu aux questions du président du tribunal révolutionnaire et discuté avec calme les faits qu'on lui reprochait, regardait, nonchalamment, à travers la fenêtre de la salle d'audience la pluie qui tombait sur Paris en fredonnant sa romance : *Il pleut, il pleut, bergère.*

Celui-là même, de tous les personnages fameux que la Révolution a produits, qui éveille dans le cœur le moins de sympathie, et dont nous avons rappelé les traits principaux et la chute émouvante; le terrible jacobin, dont le secret a été scellé sous la tombe par le 9 thermidor ; quand son nom ne franchissait pas encore l'enceinte de sa ville natale, avec son *Essai sur les préjugés*, adressait ses bucoliques à l'Académie d'Arras, qui lui ouvrait ses portes.

L'amour de l'églogue le suit au sein même des luttes grandioses de la Convention, et le temps qu'il leur dérobe, il l'emploie, la fille du menuisier Duplay au bras, soit à admirer un beau coucher de soleil du haut d'une des collines qui dominent Paris, soit à rêver dans l'île des peupliers d'Ermenonville, comme pour se rapprocher de son maître, dans ces lieux illustrés par les derniers moments de Rousseau, qui forma cette génération à son image.

Ou bien caché au fond d'une loge de théâtre, il écoute attentivement les joyeusetés d'une de ces pastorales à la mode, aujourd'hui tombées dans l'oubli, pourvu que sa présence mal dissimulée ne vienne pas arrêter le rire sur les lèvres des interprètes et ramener les spectateurs à la gravité ou à la crainte.

Ce sentiment des choses de la nature se fait

jour au point culminant de sa puissance, le jour où, tenant en main les rênes de l'Etat, le front illuminé par la joie, il précède ses collègues de la Convention, déjà frémissants, pour se rendre à la fête de l'Etre suprême, un bouquet de fleurs sur la poitrine et un faisceau d'épis de blé à la main ; au milieu d'un cortège d'hommes et de femmes couronnés de pampres et de myrtes et où, après avoir gravi avec une solennelle lenteur les marches d'une tribune élevée, il s'écrie pompeusement : « O Nature, que ta puissance est sublime, et que les tyrans doivent pâlir à l'idée de cette fête ! »

Les hommes de science eux-mêmes, qui illustrèrent le XVIIIe siècle, quittant les réalités majestueuses de la nature et l'exactitude de leurs descriptions, s'abandonnent au goût de l'époque. *Daubenton*, le savant naturaliste, publie : *Zélie dans le désert*, et celui qui lui fit l'honneur de l'associer à ses travaux, le vieux et illustre Buffon, ne cachait pas son admiration pour les pastorales de Florian. Nous avons relaté précédemment la lettre flatteuse qu'il lui écrivit lors de la publication d'*Estelle*.

CHAPITRE XVII.

Florian sort de prison. — Sa mort.

Après le 9 thermidor la France respira, et l'ivresse de la délivrance pénétra dans les prisons.

Florian fut mis en liberté quelques jours après, sur la sollicitation de ses amis. Beaucoup de prisons s'ouvrirent, mais il fallait s'adresser au Comité de sûreté générale pour obtenir ces libérations. Les créatures de Robespierre occupaient encore tous les emplois.

Boissy-d'Anglas se montra comme toujours très-ardent à sa mise en liberté; il l'obtint ainsi que celle de plusieurs autres détenus, non sans peine et sans recueillir quelques déboires : « Un jour que mon obstination m'avait fait obtenir plusieurs libérations, un de ceux à qui je m'adressais de nouveau, fatigué de mes nombreuses demandes, me dit brusquement : *Te voilà encore! combien te donne-t-on pour faire ce métier?* Je dévorai cet outrage; mais j'obtins la délivrance de celui pour qui je sollicitais, et je me crus bien dédommagé » (1).

(1) *Boissy-d'Anglas,* notice sur Florian.

Florian se hâta d'abandonner Paris; il lui tardait de quitter les lieux où il avait tant souffert et d'aller respirer l'air pur sous les ombrages de Sceaux; il s'installa dans cette ville et dans un modeste logement (1), avide de calme et d'oubli, mais l'âme brisée.

Dès son arrivée il écrivit à Boissy-d'Anglas, pour le remercier de tout ce qu'il avait fait pour lui :

Sceaux-l'Unité, 23 thermidor, an II de l'ère républicaine.

« Recevez, mon cher bienfaiteur, les tendres actions de grâce que je vous dois, pour l'intérêt que vous avez pris à mon sort, pour les démarches que vous avez faites, pour la liberté, qui m'est bien plus douce en la rapportant à vos soins. Elle est le premier des biens; mais le premier des plaisirs est la reconnaissance, et c'est vous qui me prouvez cette sentimentale vérité.

« En sortant de prison j'ai couru chez vous. La loi me défendait de vous attendre : il fallait la loi pour m'empêcher de jouir de ce bonheur. Accordez-le moi, mon ami, en venant promptement me voir. Venez dîner dans ma retraite, venez me voir reprendre mon luth, couvert déjà de poussière, et

(1) Florian logeait à Sceaux : rue du petit chemin; c'est là qu'il est mort.

sur lequel je vais chanter d'une voix plus forte la liberté et l'amitié.

« Adieu, mon bienfaiteur ; venez aussitôt que le noble métier que vous avez pris d'être utile vous laissera un moment. Donnez-le moi, ce moment. Je ne sentirai tout-à-fait ma liberté qu'en vous embrassant ».

Boissy-d'Anglas accourut à Sceaux avec *Ducis*, pour se jeter l'un et l'autre dans les bras de leur ami, et dès que les premiers épanchements de l'amitié et l'impression du récit douloureux de la séparation et de la captivité se furent un peu calmés, les causeries et les plaisirs littéraires reprirent peu à peu le dessus (1), et les trois amis que liait une douce confraternité, comme revenus aux jours heureux, se communiquaient leurs écrits et leurs projets littéraires, et se quittaient en répétant ce vers de l'imitateur de Shakespeare :

Ah ! sortant de la tombe où l'on fut endormi,
Qu'il est doux de revoir le ciel et son ami ! (2)

Le souvenir de ces douces relations suivra Ducis jusqu'au terme de sa longue vie si digne et si dé-

(1) C'est à cette époque que Florian donna à Ducis et à Boissy-d'Anglas, la première lecture de son poëme posthume : *Eliézer et Nephtali*.

(2) *Ducis*, épitre à l'amitié.

sintéressée, et quand l'heure de la retraite aura sonné pour le héros de prairial, retiré aux lieux qui le virent naître et sur les bords de ce *ruisseau d'Annonay* qu'il a chanté (1), il donnera aux lettres les derniers jours d'une vie passée au sein de terribles orages, et en songeant à son ami et aux dévastations du palais et du parc de Colbert, il s'écriera dans son poëme de *Bougival :*

J'ai pleuré Florian sur les débris de Sceaux !

Florian ne jouit pas longtemps de sa liberté; le sentiment de l'injustice dont il avait été l'objet l'avait d'abord affecté, les douleurs et le régime de la prison altérèrent sa santé. Ce ne fut pas impunément, en effet, pour ses facultés physiques, que son cœur avait été aussi cruellement éprouvé par tant de tortures morales.

Il avait vu cette société élégante et spirituelle, dernier débris du XVIIIe siècle, qu'il charmait par son esprit, dispersée par la Révolution ou dévorée par l'échafaud.

Arraché violemment à une vie calme et studieuse, le doux rêveur des pastorales des bords du Gardon s'était vu plongé dans une affreuse prison.

(1) *Le ruisseau d'Annonay,* poëme de Boissy-d'Anglas qui n'a pas été publié.

Tous les jours, à l'appel du geôlier, il avait eu un dernier serrement de main à donner à un ami ; les séparations les plus déchirantes de la famille et de l'affection avaient frappé ses yeux.

Il avait vu, enfin, Boucher et André Chénier, ses frères en poésie, lui ouvrir le chemin du supplice, et ce n'est pas vainement qu'une âme aussi sensible que la sienne avait été meurtrie par de pareilles épreuves.

La fièvre ne le quittait plus (1). Au milieu de ses nuits agitées et sans sommeil, il croyait entendre la voix du guichetier l'appelant à son tour pour monter sur la fatale charrette. Le jour même, pendant ses promenades, son allure, jadis ouverte et joyeuse, était devenue sombre, effarée, et il lui semblait, a-t-on dit, voir, parfois, le fantôme de l'échafaud suivre chacun de ses pas.

Eh ! qu'on ne dise pas qu'il avait peur de la mort. Le jour où, fidèle aux traditions de sa famille, il avait embrassé la carrière des armes, il ne pouvait ignorer les vicissitudes que la guerre réserve

(1) « Adieu, mon bon confrère, *Guillaume Tell* avance fort et avancerait mieux sans quelques accès de fièvre. J'ai cette fièvre en vous écrivant.... (Lettre à Boissy-d'Anglas, 15 fructidor an II. Cette lettre est la dernière qu'écrivit Florian ; il mourut peu de jours après).

au soldat; et il lui était arrivé plusieurs fois, du reste, à l'école militaire de Bapaume, de jouer sa vie avec insouciance dans des duels.

S'il envisageait le péril sans faiblir, son esprit ne pouvait se faire à l'idée de la mort politique, lui, dont l'aversion pour les luttes de cette nature s'était fait jour à tout instant de sa vie (1).

Florian avait cessé de croire au bonheur le jour où il avait cessé d'être heureux. Il eût regardé la mort du soldat en héros; les tortures de la prison et l'appareil sanglant de l'instrument du supplice le firent trembler.

Le travail, qu'il aimait et où il espérait trouver un soulagement, fut impuissant lui-même à calmer cette surexcitation et le délire d'une imagination frappée sans retour; terrassé par le mal, il s'alita pour ne plus se relever et mourut le 13 septembre 1794, un mois après sa sortie de prison; il avait 38 ans et 5 mois (2).

(1) Une seule fois, Florian ne fut point maître de ses sentiments. Lors des massacres des prisons, le supplice de la princesse de Lamballe lui arracha des paroles d'indignation; ce fut, en grande partie, la cause de son arrestation.

(2) *Acte de décès de Florian, extrait des Registres de l'état civil de la ville de Sceaux, département de la Seine :*

Ce jourd'hui 27 jours du mois de Fructidor de l'an II de la République une et indivisible, à 6 heures du soir, pardevant nous *Claude Edme Putois*, membre du Conseil général

Il fut inhumé à Sceaux au cimetière des Acacias, situé sur la route de Sceaux au Plessis.

La tombe de Florian est voisine de celle de Cailhava (1), l'auteur dramatique ; pendant longtemps rien ne la désigna à l'œil du passant. Ce fut *Sébastien Mercier*, l'auteur du *Tableau de Paris*, qui eut la pieuse pensée de faire graver ces mots sur la pierre tumulaire :

ICI
REPOSE LE CORPS
DE FLORIAN
HOMME DE LETTRES.

Telle fut la fin du malheureux Florian : « Il sera compté au nombre des victimes de la Terreur, sinon de celles qu'elle a *tuées*, au moins de celles qu'elle a fait *mourir* » (2).

de la commune de Sceaux l'Unité, élu officier public de la dite commune par délibération du 30 décembre 1792, (*style esclave*), sont comparus en la dite commune..... lesquels ont déclaré que J. P. C. Florian, homme de lettres, est mort aujourd'hui 27e jour du présent mois de Fructidor (13 septembre 1794), en son domicile à l'heure de midi, âgé de 39 ans .

signé : François Mercier, — Courtois, — Moulle, — Putois, officier public.

(1) *Cailhava d'Estandoux* (Jean-François), né en 1720, auteur d'un grand nombre de pièces de théâtre et d'un *traité de la Comédie*, avait ouvert une école réputée de déclamation. Il fut nommé membre de l'Institut, et mourut à Sceaux en 1813.

(2) *Laharpe*, Cours de littérature.

La mort de Florian survenue à une époque terrible de notre histoire, au lendemain de thermidor, fut à peine mentionnée par les journaux.

Il n'y avait place alors que pour les grands intérêts qui absorbaient l'opinion publique. Les larmes que tant de malheureux avaient à essuyer, les cris de joie des victimes désignées pour l'égorgement et rendues à la liberté et à leur famille, attiraient seuls l'attention.

Dans tout autre moment, la mort de l'auteur d'*Estelle* et de *Galatée* eût fait éclater d'unanimes regrets dans le monde des lettres.

Avec ses titres littéraires, on aurait rappelé la vie trop courte de cet homme dont le commerce était sûr et aimable, dont l'existence fut si digne et dont les mœurs furent si douces, obligeant envers tous, doué des qualités qui inspirent l'amitié et qui en promettent la durée, étranger à toute espèce d'animosité : « Jamais, disait-il un jour, je n'ai pu garder du fiel contre qui que ce soit plus de 24 heures ; le sommeil a toujours mis fin à mes inimitiés. »

Laharpe, toutefois, rendit à la mémoire de Florian un public hommage. Dans son Cours de littérature, il eut des paroles attendries sur le sort du malheureux poète et fit partager son émotion à ses nombreux auditeurs. « Aimable et malheureux jeune homme, dit-il, que j'ai chéri comme mon enfant, depuis le temps où je dirigeais tes premières études jusqu'à celui où j'aplanis à ta jeunesse déjà célèbre la route des honneurs littéraires ! un attrait personnel se joignit pour toi seul à ce que le seul intérêt pour le talent me fit faire aussi pour d'autres, et ton inviolable reconnaissance m'a consolé plus d'une fois de leurs fréquentes ingratitudes. Je me repose dans cette confiance, que le Dieu juste et bon, qui t'a si sévèrement éprouvé, aura reçu dans sa miséricorde le tribut de tes souffrances.» (1)

CHAPITRE XVIII.

Sceaux, son origine. — Le palais et le parc de Sceaux vendus et détruits. — Jeux floraux d'Anduze, concours poétique en l'honneur de Florian.

Les lieux où Florian avait vécu heureux, les frais ombrages de Sceaux, abri de ses rêves littéraires, devaient disparaître en même temps que lui.

Ce palais célèbre, où Racine fit entendre ses premiers vers à Louis XIV, où récemment Voltaire, Lamothe, Fontenelle avaient brillé ; ce châ-

(1) *Laharpe* dédia sa tragédie *Œdipe chez Admète* : *aux Mânes de Florian !*

teau superbe bâti par Colbert, où le duc du Maine, après lui, avait réuni tant d'objets d'art; ces statues qui peuplaient ces jardins splendides, tous ces chef-d'œuvres assemblés par le temps et le goût le plus délicat, furent vendus, dispersés ou tombèrent sous le coup des démolisseurs.

La Révolution, implacable pour les choses comme pour les hommes, fit passer la charrue sur toutes ces ruines. Il ne reste aujourd'hui de ces splendeurs qu'une faible partie de l'orangerie et un coin du parc.

Ce fut en 1798, que le Palais et le Parc du duc de Penthièvre, confisqués par la Révolution, furent vendus comme bien national.

La petite ville de Sceaux, obscure dans le passé, avait dû sa gloire récente à ce magnifique domaine.

C'est au XIIe siècle que remonte la fondation de Sceaux (*Cellæ* les petites maisons). Elle dut sa fortune à de nombreux pélerins qui venaient y révérer les reliques de Mammès évêque de Cappadoce. Les frères *Potier* et le dernier d'entre eux *Réné Potier*, duc de Tresme, y élevèrent de riches constructions.

En 1670, Colbert en fit l'acquisition. Il confia à *Perrault*, *Lebrun* et *Le Nôtre*, le soin de lui faire un château et un parc digne de lui, et chargea *Puget* et *Girardon* d'en orner les bosquets. Une magnifique avenue conduisait à la grille d'honneur; l'édifice se composait de sept pavillons reliés par des galeries. Sur le fronton principal, *Girardon* avait sculpté une statue de Minerve fort appréciée de son temps. Rompant avec le goût du jour, qui n'admettait pas de jardins sans *petits bois obscurs*, Colbert ceignit le château d'arbres de haute futaie et fit jaillir des torrents d'eau de deux grandes figures représentant Charybde et Scylla.

Par deux fois Louis XIV vint admirer ces merveilles. Racine et Boileau s'y rencontraient avec les savants et les artistes de l'époque.

Le fils légitimé de Mme de Montespan, le duc du Maine, l'acheta en 1700, et la petite-fille de Condé qu'il avait épousée y tint une cour brillante. C'est là que Louis XIV fit ses adieux à son petit-fils, allant régner sur l'Espagne.

A la mort du roi, les conspirations politiques alternèrent avec les divertissements. Le duc du Maine essaya de disputer la régence au duc d'Orléans ; il n'avait ni la vigueur d'esprit, ni le courage nécessaire à l'exécution d'un pareil projet. La duchesse du Maine, femme d'esprit sans doute, mais incohérente dans ses idées et excentrique au delà de toute mesure, accusait son mari de pusillanimité. Le trouvant un jour occupé à traduire *Lucrèce*, elle lui dit :

— Monsieur, un beau matin, vous trouverez en vous éveillant que vous êtes de l'Académie et que M. d'Orléans est à la régence.

Elle se trompait deux fois.

Voltaire y composa plusieurs de ses tragédies et fit jouer ses comédies sur le théâtre de Sceaux. Fontenelle eut le bonheur d'y trouver des auditeurs complaisants pour entendre son *Histoire des Oracles. Lamothe* y déclamait ses odes, et Saint-Aulaire et Chaulieu leurs quatrains amoureux.

La duchesse du Maine le laissa en 1753 à son fils le prince de Dombes ; il ne le posséda que deux ans ; le maréchal de Coligny le tua en duel et son frère le comte d'Eu en hérita et y vécut vingt ans dans l'isolement.

C'est de ce dernier que le tint son cousin le duc de Penthièvre, en 1775. Il y vécut simplement avec sa femme qu'il adorait, Marie d'Este, fille du duc de Modène, sans en aimer le séjour; la mort de la duchesse, dont il ne put se consoler, l'en aurait détaché entièrement, si ce n'eût été le bien qu'il aimait à y faire; c'est là que Florian y passa les meilleurs jours de sa vie auprès d'un protecteur qui le comblait de bienfaits et dont il était le distributeur d'aumônes.

Louis XVI, après une visite à Sceaux, eut un moment le projet de l'acheter.

Le duc de Penthièvre, peu de jours avant la mort qui le surprit à Vernon, en 1793, l'avait donné à sa fille, la duchesse d'Orléans, qui en fut dépouillée par le décret de la Convention nationale mettant sous séquestre les biens des princes du sang.

La ville de Sceaux se fit remarquer par son ardeur révolutionnaire, et donna dans le château et le parc des fêtes brillantes en l'honneur de l'Agriculture, de la Vieillesse et de la Liberté.

On eut le projet un instant d'y établir une école d'agriculture ; mais le gouvernement ayant abandonné cette idée, en 1798, le parc et le château furent vendus à vil prix. (Les principales statues avaient été réservées avant la vente, et transportées dans les musées de l'Etat, à Versailles notamment).

Le vulgaire acquéreur de ces richesses (1) fit argent de toutes choses et diminua d'autant le prix d'achat qui ne dépassait pas, paraît-il, 200,000 fr.,

(1) L'acquéreur du château et du parc de Sceaux se nommait *Lecomte*. Sa fille épousa *Mortier, duc de Trévise*. Un des fils du maréchal a fait bâtir, en 1862, sur les fondations de l'ancien château, une magnifique résidence qui a été entièrement saccagée par les Allemands, en 1871 ; elle n'a pas été réparée jusqu'à ce jour.

en assignats bien entendu. Il n'eut qu'un but : transformer cette splendide demeure en une ferme productive ; il détruisit le château, conserva l'orangerie dont il fit un grenier à foin, rasa les arbres centenaires plantés par Colbert et sema du blé à cette place illustrée par la gloire et le génie.

L'œuvre fatale était à peu près entièrement accomplie. Il ne restait de cet immense parc qu'une partie connue sous le nom de *Ménagerie* et qui longe la route d'Houdan, chef-lieu de canton de Seine-et-Oise ; elle allait subir les mêmes ravages, lorsqu'elle fut acquise, en 1799, par une Société d'actionnaires et heureusement sauvée de la ruine. M. *Desgranges*, maire de Sceaux, avait été le promoteur zélé de ce projet et il eut le mérite de le mener à bonne fin.

Cette portion bien infime donne une idée très-imparfaite des splendeurs passées. Toutefois, de magnifiques allées et une rotonde de forme ovale subsistent encore et servent de salle de danse aux bals réputés de Sceaux. Sur la grille qui commande l'entrée, on lisait, il y a quelques années, les vers suivants, dont il faut excuser la simplicité, en faveur de l'acte louable qu'ils rappelaient :

De l'amour du pays ce jardin est le gage,
Quelques-uns l'ont acquis, tous en auront l'usage.

Aussi bien la ville de Sceaux, où Florian aimait à vivre et qui s'honore de l'avoir abrité, voulut un jour donner à sa mémoire un hommage de sa reconnaissance.

En 1839, on y ouvrit une souscription publique en vue de lui élever un monument. Un vieux général habitant de Sceaux, jadis uni à Florian par les liens de l'amitié, seconda ce mouvement généreux, et bientôt fut érigé le cyppe, surmonté du buste en bronze de notre poète et entouré d'un bosquet de lilas, que l'on remarque aujourd'hui dans le jardin latéral de l'Eglise en face la gare du chemin de fer.

Florian s'était écrié un jour : « Que ne puis-je être certain de reposer sous le grand alizier de mon village où les bergers se rassemblent pour danser! Je voudrais que leurs mains pieuses vinssent arracher le gazon qui couvrirait mon tombeau, que les enfants, après leurs jeux, y jetassent leurs bouquets effeuillés ; je voudrais enfin que les bergers de la contrée y fussent quelquefois attendris en y lisant cette inscription :

Dans cette demeure tranquille
Repose notre bon ami;
Il vécut toujours à la ville
Et son cœur fut toujours ici.

Ce vœu touchant du poète n'a pu encore être exaucé. Des difficultés administratives vinrent un jour en éloigner l'accomplissement (1).

Mais s'il repose loin des lieux charmants où il naquit et qu'il ne cessa d'aimer, un jour vint où son nom retentit glorieusement sur les bords de cette rivière qu'il immortalisa par ses chants.

En 1869, l'administration municipale de la ville d'Anduze, en instituant les *Jeux floraux de la ville d'Anduze*, mit au concours l'*Eloge de Florian*. De nombreux concurrents démontrèrent aux populations riveraines des bords du Gardon, que la gloire de leur compatriote trouvait partout des admirateurs, et que ce n'était pas sans écho que l'antique capitale des Cévennes évoquait cette figure douce et sympathique.

Cette fête fut brillante et digne de celui qui l'avait inspirée. Le nom d'un poète aimé de tous servait ainsi à renouer la chaîne des anciennes luttes poétiques, retentissait dans ces contrées

(1) En 1820, des démarches furent faites par le propriétaire du château de Florian, en vue de transférer les dépouilles mortelles de Florian, selon ses vœux, dans son pays natal. Le gouvernement de la Restauration répondit à cette demande par cette bizarre fin de non-recevoir : « l'autorisation sera accordée à condition qu'une messe sera chantée dans toutes les communes que traversera le cortége ».

comme un écho des vieux chants des Troubadours, et nous reportait pour quelques instants, comme l'a dit un écrivain de mérite et savant littérateur : « A cette heure bénie de notre histoire locale, quand notre joyeux et poétique Midi, jalousé par le Nord encore barbare, voyait, au sein d'une civilisation brillante, fleurir les Cours d'amour, et où une noble et gracieuse dame, *Clara d'Anduze*, couronnait les troubadours et ne dédaignait pas de mêler sa voix à leurs amoureux concerts. » (1)

Des parties les plus éloignées de la France, une volée de pièces de vers accoururent à l'appel de la cité Anduzienne. L'Amérique elle-même envoya ses poètes (2) ; les populations riveraines des bords du Gardon, accourues en foule, saluèrent de leurs hommages le nom du chantre d'*Estelle*, et ses cendres, encore loin de ces lieux enchanteurs, durent tressaillir de joie au bruit des acclamations chaleureuses qui célébraient : *la fête de Florian.*

(1) *Ernest Roussel*, rapport à l'Académie de Nimes, sur les jeux floraux d'Anduze. (Décembre 1869.)

(2) Parmi les pièces couronnées figure celle de Mme *Bonaud-Nadaud*, de Norforth en Virginie.

Les pièces couronnées ou distinguées dans le concours, avec le compte-rendu de la cérémonie de la distribution des récompenses, ont été réunies en volume, en 1869, par les soins de la Mairie d'Anduze. Un volume in-8. Alais, *Martin*, 1869.

CHAPITRE XIX.

Manuscrits laissés par Florian. — Contes. — Guillaume Tell. — Lettres anglaises. — Pièces fugitives ou inédites. — Editions diverses de ses œuvres.

Nous avons donné un aperçu des œuvres de Florian, il convient d'y ajouter, au nombre de ses œuvres posthumes, *Rosalba,* nouvelle sicilienne et *Guillaume Tell*, qu'il avait composé dans la prison de Port-libre.

Il avait espéré, dans ce dernier travail, trouver une diversion aux douleurs de la détention, comme aussi attendrir ses persécuteurs, en racontant les exploits du fondateur de la liberté helvétique. Il faut reconnaître toutefois que ce poème est une de ses œuvres les plus faibles ; le plan en est incomplet et sans vigueur.

Dans un volume intitulé *Mélanges*, les éditeurs ont placé un éloge en prose de *Louis XII* envoyé par Florian à un concours académique, en 1785. Il n'obtint qu'une mention; l'Académie n'approuva pas la forme donnée à son éloge.

Il renferme, en outre, quatre contes en vers : *le Cheval d'Espagne*, *le Tourtereau*, *la Poule de Caux*, *le Chien de chasse*, d'une versification facile ; dans chacun, comme dans tout ce qui sort de sa plume, il y a de la grâce et de la sensibilité.

On y a joint des imitations et des traductions anglaises ou espagnoles, notamment du *Camoens* de *Monte-Mayor ;* une anecdote intitulée *Léocadie*, imitée de Cervantes, et *Moctader*, conte oriental, terminent le recueil.

Florian laissa en outre un manuscrit sous le nom de : *Lettres anglaises.*

Ce recueil, d'une certaine importance, se compose de 35 lettres, les unes échangées entre sir Henri Belford et lord Belton sur des faits peu intéressants de la vie domestique anglaise, et entre lady Belton et son amie Mistriss Charlotte Clifford, où elle se plaint du délaissement dans lequel la laisse son mari pour une nommée *Sophie*, placée par ce dernier auprès d'elle. Elle acquiert la certitude que Sophie est la maîtresse de son mari et qu'elle a un passé honteux. Le mari repentant renvoie cette intrigante qui finit par se marier et retourner dans le pays de Galles ; et le bonheur paraît revenir enfin dans le ménage.

Un jour lord Belford annonce que des intérêts graves l'appellent en Irlande ; il part, mais sa femme, impatiente de son tardif retour, va le rejoindre et constate qu'il est auprès de Sophie. Elle meurt de chagrin. Belton est tué en duel par le mari. La tombe reçoit ainsi sa double proie; Sophie elle-même est punie : en traversant la ville de Dublin, elle est un jour reconnue par la foule, accablée d'injures et poursuivie. Le cheval s'emporte, on ne retrouve la misérable que renversée sous les débris de la voiture, mutilée, défigurée, et privée à jamais des charmes qui la rendirent si dangereuse. L'auteur veut montrer, par cette œuvre morale, que l'oubli des devoirs est la voie du crime.

Florian a composé en outre des pièces fugitives nombreuses, telles que romances, madrigaux, portraits, etc., dédiés pour la plupart à des personnages importants ou à ses connaissances; plusieurs accompagnaient l'envoi de ses ouvrages.

Généralement, lorsque Florian écrivait à une femme, il aimait à user du langage poétique. C'est ainsi qu'il dit à la fin de sa lettre à Mme *** sur un portrait donné deux fois:

Vous me l'aviez repris, mon cœur vous le pardonne,
Je sais que les amants se rendent leurs portraits ;
Les amis, bien plus sûrs, le gardent à jamais :
L'amour prête, l'amitié donne.

Il écrit en vers à Mme de Fontenay, en lui adressant son poème de *Gonzalve*; à Mme Gonthier, de la Comédie Italienne, en lui faisant cadeau d'une béquille en bois de rose, dont elle se servait dans un rôle de vieille écrit pour elle, et il dit à Mme ***, en lui envoyant un perroquet :

> Vous l'aimiez tant mon perroquet :
> Il est à vous, je vous le donne ;
> N'oubliez pas du moins que s'il dit mon secret,
> Il faut qu'à son babil sa maîtresse pardonne.
> Je me suis expliqué devant lui sans retour ;
> Ne soyez donc point étonnée
> Si tout le long de la journée
> Il ose vous parler d'amour.

Il a été fait plusieurs éditions des œuvres complètes de Florian ou de ses ouvrages séparés. Nous citerons les suivantes :

— *Firmin-Didot*, publiée à Paris en 1784-1786, 24 vol. in-18, ornée de 125 figures, édition des œuvres complètes.

— *Briand*, 1823-1824, 13 vol. in-18.

— *Renouard, Ant. et Aug.*, 1820, 16 vol.

— *Guilbert de Pixérécourt.* Paris, 1824, 4 vol. in-18 orné de 31 grav. Jolie édition correcte et la plus complète.

— *Ponthieu*, Paris, 1825, in-8.

— *A. Delalain*, Paris, 1825, in-18, avec fig.

— *Ch. Froment*, Paris, 1828, in-8 avec portrait.

— *Ledentu*, Paris, 1824, in-8 avec fig.

Voici la date des éditions des ouvrages séparés.

— *Eliézer et Nephtali*, imprimé pour la première fois en 1803.

— *Galathea*, romanzo pastorale. Parigi, *Debure*, 1788. Traduction italienne.

— La même, trad. par *Casiano Pellicier*.

— Perpinan. *Alzine*, 1817-1824.

— *Novelas nuevas*, trad. par *G. de Zavala*.

— Perpinan, *Alzine*, 1800, 1819.

— *Gonzalve*, en danois, par *J.-K. Host*. Copenhague, 1800, 2 vol. in-8.

CHAPITRE XX.

Quelle place doit occuper Florian dans l'histoire des lettres ?

Il y a, il faut le reconnaître, dans l'œuvre de Florian, une part que le temps a pu affaiblir; le goût d'une époque est chose variable, et les tendances ou les tournures d'esprit ne survivent pas fréquemment à la génération qui les apprécia.

Mais abstraction faite de cette faible partie de ses productions, et malgré les orages de 1793 qui vinrent violemment arrêter le développement de son œuvre, ce qu'il en avait édifié, et que le temps a respecté, suffit amplement à la gloire d'un auteur.

Florian mérite une place importante dans l'histoire de la littérature. Il est peu de noms qui jouissent d'une popularité égale à la sienne ; il serait donc profondément injuste de le classer dans la phalange des écrivains secondaires et laissés un peu dans l'oubli. Agir ainsi, ce serait méconnaître la valeur considérable d'un écrivain dont le nom est destiné à traverser les âges.

Sans vouloir énumérer les œuvres que nous avons fait passer sommairement sous les yeux du lecteur, nous devons affirmer hautement, en n'en considérant que les parties saillantes, que son *Précis sur l'histoire des Maures*, sa préface d'*Eliezer et Nephtali*, son *Estelle* et ses *Fables* qui le placent à coté de La Fontaine, ou dans tous les cas en font, sans conteste, le second de nos fabulistes, seront éternellement admirés. *Charles Nodier*, disait : « Qu'elles sont un des chefs-d'œuvres du XVIIIe siècle et un des meilleurs livres de son temps ».

Possédant admirablement la langue de *Cervantès*, il a fait passer dans la nôtre, avec *Galatée*, les beautés et les finesses de la littérature espagnole.

Ses contes en vers, écrits avec grâce et naturel, justifient l'appréciation de *Marmontel*, qui disait de lui : *La nature lui a dit : conte.* Dans chacun d'eux on trouve, avec une idée morale, des situations fortes et des caractères qui attachent.

Claudine, un joyau entre toutes ses œuvres, celle-là même dont il se méfiait le plus et dont il disait sévèrement : « J'écrivis cette histoire telle que *Paccard* me l'avait dictée, sans chercher même à corriger les fautes de goût et de style que les connaisseurs doivent trouver. » *Claudine* restera comme un modèle de grâce, de sentiment et d'élégance dans le style.

Dans le genre dramatique, ses pièces, furent jouées avec succès sur les théâtres. « Son talent y est surtout marqué par le bon goût ; en se modelant sur Marivaux et sur Gessner, il s'est approprié l'esprit de l'un, mais sans abus, la naïveté de l'autre, mais sans fadeur. Il a fait de son *Arlequin* le contraire de ce qu'a fait Beaumarchais de son *Figaro* ; celui-ci est brillant par son immoralité, l'autre est charmant dans sa bonté (1) ». On retrouve enfin dans ses romances un écho des anciens troubadours.

Toute cette partie de ses œuvres est remarquable et survivra à une foule d'écrits dont la mode et l'engouement seuls font le succès, et sera lue avec soin dans l'avenir par l'âge mûr aussi bien

(1) Laharpe, cours de littérature, t. XII, p. 136.

que par la jeunesse, qu'il sut émouvoir et charmer tour à tour.

Quel est celui d'entre nous, en effet, qui ne lui doit de la reconnaissance pour les beaux rêves qu'il lui fit entrevoir?

Les années, en s'accumulant sur nos têtes, ont dissipé bien des illusions, et cependant nous n'avons jamais cessé d'aimer celui dont le gracieux talent eut le privilège de les provoquer et de les faire vivre.

En s'abandonnant avec complaisance à tous les enchantements de ces chimères, l'esprit se repose des aspérités ou des douloureux retours de la vie, il se complait, avec le poète, dans les peintures où l'on aime à s'attarder, qui retracent le beau idéal de la société et vous reportent mollement aux premières années de la jeunesse.

L'œuvre de Florian est plus qu'un livre, c'est un âge de la vie.

Certes, dans toutes ses pastorales, il décrit une nature de convention ; mais cette objection atteint *Gessner* et tous ceux qui cultivèrent l'églogue et l'idylle. Oublier un instant les travers ou les vices de l'homme, pour s'attacher à ses meilleurs sentiments, est une erreur bien pardonnable, et essayer de donner de la vraisemblance aux bergeries poétiques est chose excusable chez les modernes comme chez les anciens.

Celles de Florian ont un caractère à part : loin de l'esprit raffiné de *Fontenelle*, comme de l'érudition galante de *d'Urfé*, elles ont plus de naturel, sans trop de naïveté, avec une teinte de philosophie.

Tour à tour historien, fabuliste, poète, auteur dramatique et romancier, il s'est également distingué dans ces genres divers, aimé par l'âge mûr comme par l'enfance.

Son génie flexible s'exerça sur toutes les branches de la littérature avec succès et toujours avec talent. Si ce talent ne fut pas très étendu ou très énergique, il fut sincère, naturel, gai, vif, aimable, élevé à son tour, et la manière dont notre illustre compatriote accomplit sa tâche, est de nature à exciter et à accroître l'intérêt qu'inspirent les œuvres et la personne « de cet homme heureux, comme le dit Sainte-Beuve, de ce talent facile et riant, que tout favorisa à souhait, dès son entrée dans le monde et dans la vie, mais qui ne put empêcher, un jour, l'inévitable douleur, l'antique douleur de Job, qui se renouvelle sans cesse sur la terre, de se faire sentir à lui et de lui noyer tout le cœur dans une seule goutte d'amertume ».

PIÈCES JUSTIFICATIVES

PIÈCES JUSTIFICATIVES

ARREST DU CONSEIL D'ÉTAT DU ROY

CONCERNANT

la noblesse de M. de Claris, Seigneur de Florian, etc., etc.,

du vingt-septième mars mil sept cent vingt-trois.

LOUIS, par la Grâce de Dieu, Ro*y* de France et de Navarre, à nos am*é*s et féaux conseillers les gens tenans notre Cour des Comptes, Aydes et finances de Montpellier, — Salut.

Notre amé et féal Jean de Claris, seigneur de Florian, Pierredon, Lauret et autres lieux ; notre conseiller en la dite Cour des Comptes, Aydes et finances ; Claude de Claris, juge royal en chef de la ville de Sommières, nous ont fait représenter qu'ils sont issus d'une famille qui se trouve en possession de la noblesse depuis plus de deux siècles ; que le dit Jean de Claris en a soutenu la qualité par les services qu'il nous a rendus comme Gentihomme dans l'arrière-ban de la province de Languedoc, à la campagne de 1692, par ceux qu'il nous a rendus l'année après dans la compagnie de nos Gentilshommes de la Citadelle de Tournay, et ensuite comme cornette et capitaine de cavalerie dans le régiment de Girardin et des Milices aux campagnes de 1694 et 1695 ; et les années suivantes contre les Rebelles des *S*evenes (*sic*) qui par ressentiment brûlèrent son château de Florian, et ravagèrent ses troupeaux et ses récoltes, qu'ayant ensuite pris le parti de la Ro*b*be (*sic*) il nous a continué ses services en qualité de notre Conseiller d'honneur au présidial de Montpellier pendant sept années et que depuis seize années, il nous les continue en qualité de notre Conseiller en notre dite Cour des Comptes Aydes et finances de Montpellier; que Marc Antoine de Claris, sieur de Lablaquière, son frère, est mort à notre service, lieutenant dans le régiment royal des Vaisseaux; que Jacques de Claris son père, qui a toujours vécu noblement, avait mérité par ses services lors des premiers troubles des *S*evennes (*sic*) une pension de quatre cent livres que lui avait accordé le feu Ro*y* de glorieuse mémoire notre très-honoré Seigneur et bisa*y*eul ; ensuite que tant lui que ses pères, ont toujours vécu noblement et pris la qualité de noble, sans avoir été inquiétés quelque recherche qu'on ait pu faire ; mais étant venu à sa connaissance qu'un de ses ancêtres se trouvant chargé d'un grand nombre d'enfants avait été obligé d'exercer les offices de notaire, que leurs descendants, ayeux et père des exposants n'avaient point osé depuis prendre la qualité d'écuyer. Les dits exposants craignent que ces circonstances soient opposées à leur postérité. ; et comme il nous a plu de relever de ces mêmes dérogeances David et Jean-Jacques de Claris, ingénieur de nos armées, cousins et frères des exposants, et descendus comme eux de noble Gillis de Claris, Seigneur de Nougaret, leur tris ayeul commun, les exposants nous ont fait supplier de vouloir bien déclarer communes avec eux les lettres de relief que nous avons accordées aux dits David et Jean-Jacques de Claris et les relever comme eux de tout ce qui peut avoir donné atteinte à leur ancienne noblesse, et les maintenir dans les prérogatives et dans les droits dont jouissaient anciennement leur famille dont le dit Jean de Claris se trouve le chef, qu'il a lui-même mérité de conserver par ses services dans les armées et dans la Robbe, 'qui nous répondent de ceux que nous devons attendre de lui, de *douze enfants* qu'il a et de leur postérité. Ce qui nous engage à les maintenir ainsi que le sieur Jean de Claris dans la noblesse dont jouissaient autrefois leurs ancêtres, et de leur donner par ce moyen des témoignages de satisfaction et de l'estime qu'ils méritent.

A ces causes, de l'avis de notre Conseil qui a vu les lettres de relief et de maintenue de noblesse, accordées aux dits sieurs David et Jean-Jacques de Claris le 7me mars 1721, dont copie est ci attachée sous le contre scel de notre chancelerie ; nous avons par ces présentes signées de notre main, dit et ordonné, disons et ordonnons, voulons et nous plait, que les dits Jean et Claude de Claris ensemble leurs enfants, postérité et descendants mâles et femelles, *nais* (*sic*) et à naître en légitime mariage, soient et demeurent rétablis, maintenus et confirmés comme nous les rétablissons, maintenons et confirmons dans la noblesse de leurs ancêtres, et qu'ils jouissent des **Droits**, **Honneurs**, **Privilèges**, **Exemptions**, **Titres**, **Avantages**, **Privilèges et Prérogatives** attachés à la noblesse, et dont jouissait anciennement leur famille, et dont jouissent et ont droit de jouir les autres nobles de notre royaume, nonobostant (*sic*) la dérogeance d'aucun de leurs ancêtres pour avoir exercé les offices de notaire, et le dé*ff*aut d'avoir pris la qualité d'**Ecuyer**, lesquelles dérogeances et dé*ff*aut (*sic*) de qualité, nous ne voulons nuire ni préjudicier aux sieurs exposants, et dont Nous les avons de notre grâce spéciale, pleine puissance et autorité royale, relevés et dispensés, sans que pour raison de ce, les dit exposants soient tenus de nous payer ni aux Rois nos successeurs aucune finance ni indemnité, dont à quelque somme qu'elle puisse se monter. Nous lui avons fait et faisons don et remise par ces présentes, et sans qu'ils puissent être troublés, inquiétés ni recherchés pour quelque cause et sous quelque pretexte que ce soit, à la charge par eux de vivre noblement et sans déroger. Si vous mandons et enjoignons que ces présentes vous ayez à faire registrer, et de leur contenu faire jouir et user les dits sieurs exposants, leurs enfants postérité et descendants mâles et femelles, nés et à naître en légitime mariage, pleinement et paisiblement, cessant et faisant cesser tous troubles et empêchements, et nonobstant tous Edits, Déclarations, Ordonnances, Arrêts et Réglements contraires, auxquels nous avons dérogé et dérogeons par ces présentes, seulement et sans tirer à conséquence; Car tel est notre plaisir.

Donné à Versailles, le 27me jour de mars, l'an de grâce 1723, et de notre règne le huitième.

Signé, LOUIS.

Par le Roy,

PHELYPEAUX.

Enregistré *ès* registres de la Cour des Comptes, Aydes et finances de Montpellier, pour jouir par les dits Jean de Claris, et Claude de Claris et leurs enfants et postérité ou descendants mâles ou femelles *nais* (*sic*) et à naître en légitime mariage, pleinement de l'effet et contenu d'icelles, selon leur forme et teneur et volonté de sa Majesté, suivant l'arrêt de ce jourd'hui huitième aoust mil sept cent vingt-quatre.

Extrait de la Cour des Comptes Aydes et finances de Montpellier, par nous greffier de la chambre des Comptes, commis par la dite Cour.

POUGET.

PROCÈS-VERBAL

de la séance des Etats de Languedoc, en date du 21 février 1789, par laquelle les Etats acceptent la dédicace de l'ESTELLE de Florian.

« Mgr l'Archevèque de Narbonne a dit ensuite que M. de Florian, capitaine des dragons, gentilhomme de S. A. S. Mgr le duc de Penthièvre, de l'Académie Française et des Académies de Madrid, de Florence, de Lyon, de Nismes, d'Angers, etc, lui a adressé un exemplaire de la pastorale, intitulée *Estelle*, pour le présenter aux Etats ;

» Que cet hommage d'un auteur célèbre dans la littérature, l'éloquence et la poésie, serait sans doute, à ce seul titre, agréable à l'assemblée;

» Mais que M. de Florian avait encore des droits plus personnels pour espérer que son ouvrage fût reçu avec la flatteuse émotion de la sensibilité ;

» Que le lieu de la scène de cette pastorale, peu éloigné de nous, est ce vallon riant et fertile qu'arrose le Gardon ;

» Que l'auteur, né dans cette heureuse contrée, paraît n'avoir eu en vue, dans cet ouvrage, que d'exprimer le tendre souvenir des lieux qui l'ont vu naître et de la douce impression qu'il conserve des premiers soins qu'on a donné à son enfance ;

» Qu'il y a joint des notes où l'érudition s'est réunie au sentiment, pour rassembler tous les faits propres à relever l'honneur et la gloire du Languedoc;

» Que l'épître dédicatoire aux Etats est peut-être l'éloge le plus intéressant qu'on ait fait de leur administration ;

» Que cet ouvrage ne respire d'un bout à l'autre, sous le voile des mœurs champêtres, qu'amour de la patrie, que raison embellie de la seule parure de la nature et de la vertu ;

» Qu'enfin les grâces du style, la fraîcheur des images, la pureté des sentiments, la candeur naïve et attachante des interlocuteurs de cette pastorale portent ce calme paisible qu'il serait heureux de répandre partout dans les esprits et dans les cœurs;

» Sur quoi les Etats ont délibéré d'accepter la dédicace de l'ouvrage et l'exemplaire qui leur est présenté, et de prier Mgr l'archevêque de Narbonne de témoigner à M. de Florian leur satisfaction et leur sensibilité. »

LETTRES DE FLORIAN[1]

N° 1.

22 Mars 1781, Paris.

Dans mon dernier voyage en Languedoc, Monsieur, j'eus l'honneur de vous voir à Anduze, et la confiance avec laquelle vous me parlâtes est la cause de celle que je vais vous montrer dans cette lettre. Oubliez pour un moment, je vous prie, la disproportion de nos âges et permettez-moi de vous parler comme à un ami. Je n'ai rien fait pour mériter ni démériter cette qualité, et comme vous n'êtes pas de ceux auprès desquels il faut de grands discours pour obtenir de petits services, j'en viens tout de suite au fait.

Depuis mon retour à Paris, j'ai pris un appartement, je l'ai meublé à mes frais, en un mot, je me suis arrangé comme devant être doresnavant un citoyen de cette capitale ; de plus j'ai achetté (*sic*) à mon oncle un contrat de rente dont je ne devais jouir qu'après lui, et pour en jouir dès à présent, je

(1) Les 17 premières lettres sont adressées, par *Florian*, à M. Gaspard Daniel *de Pelet*, capitaine au régiment de la vieille marine, chevalier de Saint-Louis. Plusieurs sont inédites, d'autres ont été partiellement publiées, à différentes époques, dans les *Mémoires de l'Académie de Nimes*. Nous les rétablissons dans leur texte complet. Elles sont extraites (sauf les deux dernières), des archives du château de la Rouvière, et nous en devons la communication à l'obligeance de M. *Paulin de Pelet*, ancien sous-préfet du Vigan, propriétaire du château.

lui ai donné 4,000 francs. Cette somme, prise sur mes propres rentes, la dépense forcée que j'ai faite, tout cela m'a arriéré et comme le malheur de ma vie est de devoir et de faire attendre mes créanciers, j'ai recours à vous pour vous demander si vous pouviez me prêter 300 francs. Ce qui m'enhardit à vous faire cette demande, peut-être indiscret*te* (*sic*), c'est que vous eutes la bonté de me dire vous même à Anduze, l'hiver*t* (*sic*) dernier, que si je n'avais pas assez par la vente de Florian pour payer ce que je pouvais devoir, moi personnellement, vous me promettiez de venir à mon secours.

Si vous avez aujourd'hui la même amitié et la possibilité, vous me rendrez un grand service et j'oserais vous rappeler que le bien de ma mère vous répondra bien surément de votre fonds, je sais que je ne puis pas emprunter n'étant pas maître de ces biens, mais indiquez-moi tous les moyens d'engager mon honneur et je les prendrai. Quant aux intérêts M. D'Hornoy s'engagera de vous payer sur la rente de 600 francs qu'il me doit. Ainsi ils sont plus surs que sur l'Hôtel de Ville.

Voilà, je crois, les deux principaux points assurés; il me reste à vous faire deux prières, d'abord, si vous ne pouvez pas m'accorder ma demande, de vouloir bien ne pas m'en continuer moins votre amitié, votre estime et les sentiments que vous m'avez dit avoir pour moi et qui me font tant de plaisir à croire; la seconde, c'est que dans le cas où vous me l'accorderiez et ou vous me la refuseriez, ce serait de n'en parler à qui que ce soit et, comme j'ai l'honneur de vous connaître, je n'insiste pas sur cet article. Je sais quelle est sur tout cela votre austère délicatesse ; j'oublie qu'il faudrait m'envoyer vous même le model*le* (*sic*) des précautions à prendre et que je les suivrais de point en point ; je crois pouvoir vous répondre que dans trois ou quatre ans, vos fonds vous seront rentrés.

En voilà bien long sur une affaire qu'il vous est peut-être impossible de m'accorder; que rien là dessus n'arrête votre franchise. D'abord ce secours ne m'est pas d'une nécessité absolue pour vivre; il l'est pour que je sois tranquille ; et quand bien même vous ne pourriez pas me l'accorder, le plaisir de m'être rappel*lé* (*sic*) à vous, le plaisir plus grand de recevoir les assurances de votre amitié, seraient toujours un fruit très-agréable de la démarche que je fais: d'ailleurs, elle doit vous faire connaître et ma franchise et ma confiance, et j'espère gagner en les fesant connaître à quelqu'un comme vous.

J'ai l'honneur d'être, avec tous les sentiments et une amitié bien respectueuse, votre très-humble et très-obéissant serviteur,

FLORIAN,
capitaine dans Penthièvre.
Rue Feydau, au coin de la rue Montmartre.

P. S. — Je ne prend pas la liberté de vous charger de rien pour votre famille, par ce que je sais que vous ne direz à personne n'avoir reçu de mes nouvelles.

N° 2.

Paris, le 10 avril 1781.

J'ai reçu Monsieur la lettre que vous m'avez fait l'honneur de me répondre le 1er de ce mois ; j'ai été affligé de l'idée où vous étiez sur moi. Non, Monsieur, je vous ai toujours rendu justice et nommément pour moi, que j'ose dire ne vous ai connu que pour vous parler de ma reconnaissance et de mes sentiments ; vous êtes le premier et le seul auquel je me sois adressé dans le besoin où je me trouve, je me flatte cependant d'avoir quelques amis, et je ne passe ni pour un prodigue ni pour un homme dérangé, quoi qu'il en soit, Monsieur, ne doutez jamais d'une amitié que je vous ai vouée pour ma vie, et trouvez bon que doresnavant je m'adresse toujours à vous pour les conseils dont je pourrais avoir besoin par rapport au peu qui me reste en Languedoc, notre correspondance sera secrè*t*te (*sic*), elle n'aura pas besoin d'avoir l'air d'une bonne fortune pour être très agréable pour moi. Permettez-moi de laisser les affaires pour vous faire mon compliment très sincère sur le bonheur et le malheur qui vous sont arrivés. Hélas ! ainsi va le monde, on n'a presque jamais un plaisir nouveau, qu'il ne faille regretter une perte. Cependant, Monsieur, avec l'aimable famille que vous avez, vous devez être plus souvent *Jean qui rit* que *Jean qui pleure*. Vous ajouterez beaucoup à mon bonheur à moi, si vous me continuez l'amitié que vous m'avez promise et si vous acceptez les témoignages de la respectueuse amitié avec laquelle j'ai l'honneur d'être Monsieur :

Votre très humble et très obéissant serviteur,

FLORIAN.

Rue Feydau, au coin de la rue Montmartre.

N° 3.

Paris, 18 mai 1781.

La noblesse de votre procédé, Monsieur, embarrasserait quelqu'un qui ne vous connaîtrait pas, mais par la même raison que je me suis adressé à vous, je m'attendais à ce que vous faites, je ne vous importunerai même pas de trop longs remerciments, j'accepte le service que vous voulez bien me rendre et tant que je vivrai mon cœur ne s'acquittera jamais avec vous.

Puisque cette occasion me prouve que vous m'avez toujours un peu aimé et que vous serez toujours sensible à la respectueuse et tendre amitié avec laquelle j'ai l'honneur d'être Monsieur :

Votre très humble et très obéissant serviteur,

FLORIAN.

Je n'ose vous charger de rien auprès de votre aimable famille, mais vous devez juger combien tout ce qui vous est cher m'intéresse.

N° 4.

Paris, le 9 juillet 1781.

J'étais parti, Monsieur, au commencement du mois dernier pour rejoindre mon régiment dans lequel je ne suis point encore remplacé, mais au bout de huit jours de séjour, il m'a pris une fièvre bilieuse, elle est finie, mais M. le Duc de Penthièvre m'a obtenu un congé pour revenir me rétablir à Paris. C'est de l'à que j'ai l'honneur de vous écrire. Ce n'est ici et aujourd'hui que votre dernière m'a rattrapé; je ne perds pas un moment pour y répondre, il est inutile de vous renouveler mes remercîments.

Venons aux nouvelles, la retraite de M. Necker a affligé tous les bons citoyens. Je fais comme vous des vœux pour la paix et pour la prospérité de notre patrie. Il est bien affreux que les hommes, non contents des *peines de la vie* y joignent des fléaux dont eux seuls sont les auteurs. Votre position me paraît la plus enviable pour un homme qui pense; votre famille, votre fortune, tout cela est établi. Vous n'avez qu'à songer à être heureux et tranquille. Dieu vous y maintienne. C'est le vœu bien sincère de celui qui est, avec un attachement bien tendre et bien respectueux,

Votre très-humble et très-obéissant serviteur.

FLORIAN.

No 5

Paris, le 29 août 1781.

Il m'est impossible, Monsieur, de vous rendre la reconnaissance que m'inspire l'honnêteté et la franchise de votre procédé. Je viens de recevoir votre lettre de change, et je suis bien plus sensible à l'amitié que vous m'avez marquée qu'à l'utilité dont vous m'êtes dans ce moment.

Vous ferez bien, Monsieur, de veiller un peu de près M. de L... ; je me défie toujours des gen*t*s caressants et gueux, il possède ces deux qualités, mais vous êtes prudent et le compte que je vous ai rendu est très fidel*l*e (*sic*), je crois cependant qu'il serait extrêmement agréable pour M. votre fils d'obtenir l'arrêt en question. Engagez-le à ne pas le perdre de vue.

Si, de mon côté, j'avais le bonheur de pouvoir vous être util*l*e (*sic*), je vous prie de disposer de moi, comme d'un ami bien sincère. Je vais être résidant à Paris plus que jamais. M. le duc de Penthièvre s'est enfin décidé à m'attacher à lui, en qualité de son gentilhomme. Je vais loger à l'hôtel de Toulouze et ma fortune va aûgmenter de 2,500 francs de rentes. Ce qui me réjouirait le plus de cette faveur, ce serait qu'elle me mit à même de vous prouver le respect et la tendre reconnaissance que je vous ai vouée pour la vie.

FLORIAN.

No 6.

Paris, le 30 septembre 1781.

C'est toujours un plaisir pour moi, Monsieur, que de vous parler de ma reconnaissance. Croyez qu'elle est aussi vive que votre manière d'obliger est franche et agréable. La permission que vous me donnez de vous regarder comme mon ami est pour moi la plus flatteuse de vos offres, et mon cœur ne s'acquitera jamais avec vous de celle-là.

Je vous remercie de toute mon âme de la part que vous avez prise à la faveur dont M. de Penthièvre m'a honoré ; sans quitter le service absolument, je trouve le repos que je souhaitais, et que mon goût pour la retraite et les lettres me rendait nécessaires.

Vous êtes bien bon de me demander les chétifs enfants de mon loisir ; je vous envoie, sous le contreseing du Prince, mes trois comédies qui, toutes trois, ont réussi ; si elles vous amusent, ou du moins, si elles vous intéressent, vous doublerez leur succès.

Voici bientôt le moment ou vous reverrez Monsieur votre fils, j'aurai voulu être sur qu'il eut passé par Paris, j'aurai guetté le moment de son passage. Je vous prie de me rappeller à son souvenir, de présenter mes respects à toute votre aimable famille et d'être surtout bien certain des sentiments de respects et d'amitié que je vous ai voués pour ma vie.

FLORIAN.

N° 7.

Paris, le 28 décembre 1781.

Pardonnez moi, Monsieur, si je n'ai pas eu l'honneur de répondre plustôt à votre dernière. Accablé d'affaires, et pressé par un déménagement, chose toujours embarrassante, mais plus encore à Paris qu'ailleurs, je n'ai pu trouver le temps de causer avec ceux à qui je dois le plus d'amitié. Enfin me voilà installé dans ma nouvelle demeure à l'hôtel de Toulouze, et mon premier soin est de me rappeler à vous.

L'époque de la nouvelle année qui est un prétexte pour tant de mensonges, n'est rien pour moi, Monsieur, auprès de vous. En tous temps je sens le service que vous avez bien voulu me rendre et tous les mois me sont égaux pour ma vive et éternelle reconnaissance. Agréez cependant Monsieur les vœux bien tendres et bien sincères que je fais pour votre bonheur, pour celui de Monsieur votre fils et pour celui de toute une famille à laquelle on serait cependant embarrassé de souhaiter autre chose que de vous conserver longtemps à sa tête ; recevez aussi je vous prie, mon compliment sur le mariage de Mademoiselle votre nièce ; un père, un parent qui a passé sa vie à s'occuper de sa famille, doit passer sa vieillesse à recevoir des compliments.

Je vous dois des remerciments pour l'indulgence que vous avez eue en lisant mes chétives bagatelles. Je viens de donner un petit opéra comique dont le titre vous réjouira : *Le Baiser*. Il a été assez bien reçu, mais c'est un ouvrage plutôt pour être lu que pour être vu ; sous peu de jours je vous l'enverrai, mais aujourd'hui je craindrai que dans les terribles paquets dont la poste est chargée dans ce temps-ci, votre brochure ne se perdit et je serai fâché que vous puissiez m'accuser d'ingratitude en ne voyant pas venir les assurances de ma reconnaissance éternelle et de mon tendre attachement.

FLORIAN.

N° 8.

Paris le 29 août 1782.

L'amitié que vous m'avez toujours marquée, Monsieur, me fait un devoir comme un plaisir de vous adresser les faibles essais auxquels je m'amuse. Voici une comédie que j'ai donnée il y a un mois et qui se joue avec plus de succès qu'elle n'en mérite ; vous en jugerez.

J'y joins un exemplaire d'un ouvrage que j'ai envoyé au concours de l'Académie, et qui a eu le bonheur d'être couronné. M. le duc de Penthièvre et Mme la duchesse de Chartres y sont venus et ont été contents. Le public les a reçus avec un transport qui m'a bien plus touché que ma couronne. Comme vous êtes sensible, Monsieur, vous plaindrez les malheureux de la Franche-Comté, et l'humanité affaiblira à vos yeux les fautes de mon ouvrage.

Quant il vous plaira, Monsieur, de m'envoyer mon billet des intérêts que je vous dois au mois de septembre, je l'acquitterai mais je sens que je n'acquitterai jamais la grâce et l'amitié avec laquelle vous m'avez obligé et surtout la reconnaissance respectueuse que conservera pour vous toute sa vie

FLORIAN.

N° 9.

26 septembre 1782.

La lettre que vous m'avez fait l'honneur de m'écrire, Monsieur, a un peu galoppé aprés moi, parce que j'avais suivi M. le duc de Peuthièvre dans un petit voyage qu'il a fait à l'abbaye de la Trappe. Si votre lettre m'y était parvenue, elle aurait adouci l'austère pénitence que l'on fait dans cette maison.

Je vous remercie de tout ce que vous me dites d'honnête depuis mon enfance ; j'y suis accoutumé, mais ce à quoi il est difficile de s'accoutumer, parce qu'ils ne sont pas communs, ce sont vos procédés.

Vous avez eu la bonté de me demander les *deux jumeaux*, je les joins ici avec reconnaissance, ils ont eu beaucoup plus de succès que ne vaut une bagatelle pareille.

Le moyen que je prends de payer à M. l'abbé Séguret, me vaudra encore une lettre de vous. Voilà pourquoi il me plaît davantage, car il faut que vous me promettiez, Monsieur, de regarder votre amitié comme un dédomagement que Dieu me donne pour tout ce qu'il m'a ôté en Languedoc. Je compte sur vos conseils dans tous les temps, et l'idée qu'il me reste quelque chose dans votre province emporte toujours celle du respectueux et tendre attachement avec lequel j'ai l'honneur d'être Monsieur,

Votre très humble et très obéissant serviteur,

FLORIAN.

N° 10.

Paris, le 30 novembre 1782.

Je n'ose joindre à cette lettre une bagatelle que je viens de donner, cela aurait l'air d'un dédomagement, mais comme je connais votre franchise et votre amitié, je vous prierai de l'accepter avec le même plaisir que je vous l'offre.

Vous me donn*és* (*sic*), Monsieur, l'espérance de faire un voyage à Paris, je voudrais bien que vous fussiez fide*l*le (*sic*) à votre promesse, comme vous l'avez toujours été à tout ce que vous avez promis, j'aurai bien de la joie à vous dire que je prends la liberté de vous regarder comme un ami et que ma confiance en vous égale seule la reconnaissance avec laquelle j'ai l'honneur d'être Monsieur,

Votre très humble et très obéissant serviteur,

FLORIAN.

N° 11.

Paris, le 24 janvier 1783.

Je suis bien reconnaissant, Monsieur, de la cordiale lettre que vous avez eu la bonté de m'écrire le 2 de ce mois, si vous désirez véritablement mon bonheur, c'est me souhaiter que je conserve toujours votre amitié.

Je savais que mon père avait eu l'honneur de vous voir, ce qui m'a fait un plaisir difficile à vous rendre, quand on s'estime mutuellement, on est fait pour s'aimer et mon cœur y serait et y est si bien en tiers. Je vous prie de recevoir Monsieur une nouvelle bagatelle que la reine a eu la bonté d'accepter et de protéger. C'est par son ordre qu'elle a été jouée : les mœurs qu'elle peint sont faits pour vous et pour votre famille à qui je vous prie de présenter mes respects et compliments.

Adieu, Monsieur, permettez-moi de vous regarder comme le meilleur ami que je possède en Languedoc, cette idée me rend mon païs (*sic*) plus cher et me fait désirer d'aller vous assurer moi-même de la tendre et respectueuse amitié que je vous ai vouée pour ma vie. FLORIAN.

N° 12.

Paris, ce 12 septembre 1783.

Le mois de septembre, Monsieur, est toujours pour moi une intéressante époque de l'année, sous prétexte de venir vous parler d'affaires, je viens vous parler d'amitié et je me flatte d'être encore plus votre ami que votre créancier.

J'espère dans le courant de novembre vous envoier (*sic*) un petit ouvrage qui doit paraître en ce temps là, et qui est fait pour vous plaire, car, sinon l'ouvrage du moins les personnages en sont aimables, je me fais un plaisir d'avance de vous l'offrir; mon père m'a mandé, il y a longtemps qu'il avait eu l'honneur de vous voir, son silence depuis près d'un mois me donne de l'inquiétude sur sa santé. L'automne que nous avons ici est la plus malsaine possible, j'espère qu'il ne vous a point fait de mal non plus qu'à votre aimable famille, à qui je vous prie de présenter mes tendres hommages.

Recevez Monsieur, avec votre amitié ordinaire les assurances de l'inviolable reconnaissance et du respectueux attachement que je vous ai voué pour ma vie. FLORIAN.

N° 13.

Paris ce 13 décembre 1783.

Voici, Monsieur, un petit ouvrage qui réussit fort bien dans le public de Paris, et qui n'aura eu de suite à mon gré que lorsque vous m'en direz du bien. Je le crois fait pour votre cœur, et pour un homme qui comme vous, aime la campagne et sait l'embellir, je suis condamné à ne point avoir de campagne, et pour m'en dédommager je me suis emparé de la nature ; avec cela et votre amitié je ne regretterai rien.

Permettez-moi de profiter de l'époque où nous allons arriver pour vous souhaiter à vous Monsieur, à Monsieur votre fils et à votre aimable famille tout ce qu'un père comme vous mérite pour lui et pour ses enfants. Jamais vous ne serez assez heureux au gré de mes souhaits et de la tendre et respectueuse amitié que je vous ai vouée pour ma vie.

FLORIAN.

N° 14.

Janvier 1783.

Oui, Monsieur, j'ai perdu le meilleur des péres et je le pleurerais toute ma vie. Jamais coup ne fut plus affreux et plus imprévu, C'est au moment où j'étais sur le point, où j'avais la paro*ll*e (*sic*) de M. de Périgord de lui donner un petit gouvernement, c'est dans cet instant que j'ai reçu la funeste nouvelle;

ma santée (*sic*) en est altérée, et il est impossible à mon cœur de vous exprimer ce qu'il éprouve.

Il fait ici un temps dont on n'a jamais vu l'exemple ; la terre est couverte de 4 pieds de neige, il ne tombe encore au moment où je vous écris. Malgré cela je vais me mettre en chemin et je ne suis pas certain d'arriver. Je vais avoir des affaires bien tristes et peut-être bien difficiles, je compte sur votre amitié que vous m'avez tant prouvée ; je confie à vous seul sous le sceau du secret que je veux tout vendre, mais si je le déclare on me fera la loi ; en conséquence, je viens chercher de l'argent pour payer toutes les dettes, cet argent sera hypothèqué, sur *Coutelle* et les intérêts délégués au fermier. Ainsi peut-être qu'avec ses suretés je trouverai ce qu'il me faut c'est à dire une vingtaine de mille francs , mais vous, Monsieur, je vous demande de songer à me trouver des acquéreurs, sans dire le secret que je vous confie.

Je n'ai pas besoin, j'espère, de vous parler de la tendre et très tendre amitié que je vous ai vouée pour ma vie.

Présentez mes hommages et remerciments bien tendres à Mme de Pelet, gardez-moi toujours votre amitié et ne me répondez pas, j'irai, quelque temps qu'il fasse, mais si vous pouvez m'aider soit pour ma vente, soit pour mon emprunt, je vous demande vos bons offices.

FLORIAN.

N° 15.

Château de Florian, février 1783.

Je viens de recevoir, Monsieur et cher ami, le plan et l'estimation de M. Cahours, je vous prie de lui en témoigner ma satisfaction de lui en faire tous les remerciements que je lui dois et d'acquitter le salaire d'un travail si bien fait. Ce sera une obligation que vous ajouterez aux mille et une que je vous ai.

Demain Lundi, M. le Prieur et moi comptons aller vous demander à diner, si vous le permettez, je vous répéterai ce que je dois penser toute ma vie en vous assurant de mon tendre et respectueux attachement,

FLORIAN.

N° 16

Paris, 1783.

Quoique j'ai eu déjà l'honneur, Monsieur, de vous envoi*er* (*sic*) mes comédies détachées, néammoins, je vous adresse leur collection et je m'estimerai fort heureux, si vous éprouvez en les reçevant, la moitié du plaisir que j'ép*p*rouve à vous l'offrir.

Depuis mon départ de Languedoc, les acquéreurs pour *Coutelle* et pour mon champ ne se sont pas présentés en foule; vous qui connaissez le désir que j'ai de libérer entièrement les dettes de mon père et celles que j'ai particulièrement avec vous, vous devez être bien sur que je ne laisserai pas échapper l'occasion de vendre. J'ose espérer qu'avant la fin de l'année, je trouverai un acquéreur.

Vous ne trouverez surement personne qui ait pour vous un attachement plus inviolable et plus tendre que celui avec lequel j'ai l'honneur d'être,

Votre très humble et très obéissant serviteur,

FLORIAN.

N° 17 (1).

Florian, le 20 septembre 1779.

Je crois mon cher Monsieur, être parvenu à me défaire de Florian ; comme l'on me demande l'engagement que j'ai pris avec vous, sur la prise d'eau que je vous ai donnée, je vous serai obligé de m'en faire tirer une minute. Quoique vous m'ayez porté un grand préjudice par cette aliénation, je vous proteste que je ne vous en ai pas moins chéri et que l'opposé de ce sentiment n'a jamais dépendu de moi, assuré d'ailleurs que votre cœur a toujours parlé en ma faveur et que je dois le mal que vous m'avez fait, uniquement à l'amitié générale qu'on a pour vous et à l'idée que ce que vous appréciez un sol n'en vaut pas davantage. — Je serais au désespoir de joindre à la peine que j'aurai toujours, que Florian ne vous ait pas convenu (et peu de chose nous aurait mis d'accord). Celle que j'aurai qu'on vous inquiétat sur cette prise, parce que celui qui donne une faculté de

(1) Cette lettre inédite est de François de Florian, père du poète, lieutenant de cavalerie au régiment de Luzignan.

gré à gré (ne se prive point de celle de son bien) dit-on? à moins d'une exclusion précise pour le fait. Si elle n'est point dans la police passée avec vous, je serai charmé pour mes adieux, dut-elle rompre mon marché, de vous prouver que vous êtes un exemple de la fortune qui pour l'ordinaire n'est pas heureuse pour les gens qui pensent; si j'emporte votre estime je serai bien dédommagé de ses revers.

J'ai l'honneur d'être avec tout l'attachement respectueux mon cher Monsieur :

Le plus dévoué de vos serviteurs,

Le chev. de FLORIAN.

N° 18.

10 juin 1783.

J'ai reçu, Monsieur, avec un plaisir triste et doux, la dernière lettre que vous m'avez fait l'honneur de m'écrire, je ne veux pas rouvrir vos plaies en vous répétant combien j'en ai souffert, et comme je sais que la plus douce distraction pour les bons cœurs, ce sont les services qu'ils peuvent rendre, je vais vous raconter avec confiance le marché que je viens de finir avec M. Campel. Je lui ai vendu *Coutelle,* le contrat est signé, et je lui donne ce domaine pour un morceau de pain. M. le Prieur vous contera plus en détail notre marché, mais l'éloignement où je suis, le désir de liquider toutes les dettes de mon père m'ont engagé à ce sacrifice; enfin, il est consommé, Monsieur, j'ai délégué à M. Campel toutes les dettes qui peuvent rester.

Adieu, Monsieur, je voudrais être à même de vous dire tous les jours, que le Ciel nous a donné l'amitié pour nous consoler dans nos maux, je vous embrasse de tout mon cœur, et vous assure du plus tendre et du plus respectueux attachement.

FLORIAN.

N° 19.

Paris, le 1er avril 1788.

A Monsieur Vincens de Saint-Laurent.

Je noublierai point, Monsieur, que c'est à vous que j'ai dû la flatteuse adoption de l'Académie de Nimes ; c'est à mon premier patron que je m'adresse pour témoigner à cette Académie que les grâces que m'a faites la mère ne me rendent pas moins sensible aux faveurs dont m'honore la fille. C'est la bonté de mes anciens confrères qui m'a porté bonheur auprès de mes nouveaux : j'aime à leur en rapporter une partie de ma reconnaissance, comme il me sera doux dans tous les temps de leur offrir l'hommage de mes faibles productions, d'entretenir avec eux un commerce utile, pour moi, et de me vanter de leur adoption.

Je ne pouvais pas mieux choisir mon temps pour publier un ouvrage où la ville de Nimes joue un si grand rôle. Les succès de M. *Pieyre* au théâtre (1),

(1) *Alexandre Pieyre*, né à Nimes, en 1752, mort en juillet 1830. Précepteur du duc de Chartres (le roi Louis-Philippe) et plus tard secrétaire des commandements de la princesse Adé-

ceux de M. de Saint-Etienne et de Boissy dans toutes les sociétés où on les a connus, où on les chérit, où on les regrette, ont rendu le nom de Nimes intéressant pour tous les Parisiens. *Estelle* a profité de la prévention où l'on était déja pour son pays. Les charmantes poésies de Mme la baronne de Bourdic, ont fait penser que la bergère *Estelle* avait attrapé quelques fleurs échappées aux mains de la dame de son village, et quoique on ait été trompé dans cette attente, par respect pour la châtelaine, on a laissé chanter la paysanne.

FLORIAN.

N° 20.

Lettre adressée à M. Bruguier (1), *négociant à Sauve.*

Paris, le 21 janvier 1792.

J'ai un peu différé, Monsieur, de répondre à la lettre que vous m'avez fait l'honneur de m'écrire, le 29 du mois dernier, parce que j'ai voulu consulter plusieurs notaires et plusieurs jurisconsultes sur la demande que vous me faites d'une renonciation en

laïde, est l'auteur de deux volumes de pièces de théâtre parmi lesquelles l'*Ecole des Pères*, comédie en 5 actes et en vers, mérite d'être citée ; cette pièce fut jouée à Versailles le 24 janvier 1788, par les comédiens Francais, en présence du roi et de la reine. Le roi, comme témoignage particulier de sa satisfaction, donna à l'auteur une épée à poignée d'or, avec les armes de France.

(1) Lettre découverte à Durfort (Gard).

forme à la succession de mon père, tous unanimement m'ont dit de vous assurer que cette renonciation était absolument inutile; qu'ayant accepté la succession de mon père, je ne pouvais plus la répudier, mais que ne l'ayant acceptée que sous bénéfice d'inventaire, je ne puis, selon toutes les coutumes, être chargé des dettes que jusqu'à la concurrence de ce que j'ai recueilli de la succession ; qu'en conséquence, dans la position où je me trouve, je n'ai d'autres choses à faire que de rendre compte aux créanciers qui peuvent se présenter de cette succession *bénéficiaire* et de *leur prouver que j'ai payé plus que je n'ai reçu.*

J'ai déja parlé à M. *Pieyre*, député de Nimes (2), pour qu'il vous fit passer les deux nouveaux volumes que je viens de donner au public. Il me l'a promi ainsi que M. Rabaud. Nous allons nous en occuper et j'aurai un très grand plaisir à penser que ce livre vous amusera vous et les vôtres.

FLORIAN.

(2) Jean Pieyre, député de Nimes, frère de l'auteur dramatique.

TABLE DES MATIÈRES

Pages.

Portrait de Florian.
Fac-simile de l'autographe de Florian.

FLORIAN, SA VIE, SES ŒUVRES, SA CORRESPONDANCE.

CHAPITRE Ier.

Le château de Florian. — Premières années de Florian, il est amené à Ferney, chez Voltaire 1

CHAPITRE II.

Le duc de Penthièvre. — Florian entre dans la maison du duc en qualité de page. — Il est admis à l'école militaire de Bapaume........................... 9

CHAPITRE III.

Florian, capitaine d'artillerie au régiment de Penthièvre. — Il entre dans la maison du duc de Penthièvre en qualité de gentilhomme......................... 16

CHAPITRE IV.

Commencement du règne de Louis XVI. — Mort de Voltaire. — Florian couronné par l'Académie française. 21

CHAPITRE V.

Florian étudie la littérature espagnole. — Galatée. — Ses relations avec Gessner........................ 32

CHAPITRE VI.

Théâtre de Florian. — Il joue ses pièces avec succès... 39

Pages.

CHAPITRE VII.

Le comte d'Argental et sa tante, Mme de Tencin....... 44

CHAPITRE VIII.

Nouvelles. — Numa Pompilius..................... 48

CHAPITRE IX.

Florian est reçu à l'Académie française............. 53

CHAPITRE X.

Estelle. — Description de Beau-Rivage. — Quelle personnalité Florian a-t-il eu en vue en écrivant *Estelle ?* 57

CHAPITRE XI.

Les Fables. — Gonzalve de Cordoue................ 73

CHAPITRE XII.

Embarras financiers de Florian ; il fait abandon de tous ses biens pour payer les dettes de ses devanciers. — Mort du duc de Penthièvre...................... 81

CHAPITRE XIII.

Don Quichotte. — Eliézer et Nephthali............. 90

CHAPITRE XIV.

Florian est nommé commandant de la Garde nationale de Sceaux. — Son arrestation par ordre du Comité de salut public.................................... 98

CHAPITRE XV.

Robespierre et le 9 thermidor...................... 115

CHAPITRE XVI.

Les pastorales pendant la Révolution................ 164

CHAPITRE XVII.

Florian sort de prison. — Sa mort.................. 169

Pages.

CHAPITRE XVIII.

Sceaux, son origine. — Le palais et le parc de Sceaux vendus et détruits. — Jeux floraux d'Anduze, Concours poétique en l'honneur de Florian............. 177

CHAPITRE XIX.

Manuscrits laissés par Florian. — Contes. — Guillaume Tell. — Lettres anglaises. — Pièces fugitives ou inédites. — Editions diverses de ses œuvres........... 186

CHAPITRE XX.

Quelle place doit occuper Florian dans l'histoire des lettres ?.. 190

PIÈCES JUSTIFICATIVES.

Arrest du Conseil d'Etat du Roy, concernant la noblesse de M. de Claris, Seigneur de Florian, etc............ 197

Procès-verbal de la séance des Etats de Languedoc, par laquelle les Etats acceptent la dédicace de l'*Estelle*, de Florian.. 202

LETTRES DE FLORIAN.

Nº 1. 22 mars 1781, Paris........................ 204
2. 10 avril » » 207
3. 18 mai » » 208
4. 9 juillet » » 208
5. 29 août » » 209
6. 30 septemb. » » 210
7. 28 décemb. » » 211
8. 29 août 1782 » 213
9. 29 septemb. » » 213
10. 30 novemb. » » 214
11. 24 janvier 1783 » 215
12. 12 septemb. » » 216
13. 13 décemb. » » 217

Pages.

N° 14. janvier » Paris........................ 217
15. février » Château de Florian.......... 219
16. » Paris........................ 219
17. 20 septembre 1779, Château de Florian, lettre écrite par le père de Florian............. 220
18. 10 juin 1783.............................. 221
19. 1er avril 1788, Paris....................... 222
20. 21 janvier 1792 » 223

FIN.

ERRATA

Page	17,	ligne	18,	lisez :	plaisamment,
»	38	»	17	»	d'Urfé,
»	68	»	24	»	Mme de S.***.
»	69	»	5	»	Estelles
»	84	»	17	»	en partie inédite
»	85	»	23	»	bientôt après en 1780 ;
»	104	»	5	»	entrant dans ses vues,
»	107	»	4	»	atterré.
»	139	»	3 (de la note), lisez : qui lui avait valu		
»	164	»	17, lisez : hardies et outrées.		
»	166	»	4 (de la note), lisez · lui reprochait,		
»	173	»	5, lisez : Roucher et André Chénier.		

Nimes, imprimerie Clavel-Ballivet et Cie, rue Pradier, 12.

OUVRAGES DU MÊME AUTEUR

Etude sur la vie et les œuvres de Paulet d'Anduze, suivie de son mémoire historique inédit, avec portrait et autographe, un volume in-8. Paris, E. Dentu, éditeur. Prix, 2 fr. 50

Florian, sa vie, ses œuvres, sa correspondance, avec portrait et autographe, un volume in-8. Paris, E. Dentu, éditeur. Prix.. 3 fr. 50

www.ingramcontent.com/pod-product-compliance
Ingram Content Group UK Ltd.
Pitfield, Milton Keynes, MK11 3LW, UK
UKHW020135220726
13923UKWH00001B/176